HUGO RAHNER

DER SPIELENDE MENSCH

CHRIST HEUTE ZWEITE REIHE

ACHTES BÄNDCHEN

HUGO RAHNER

DER SPIELENDE MENSCH

JOHANNES VERLAG EINSIEDELN

Erweiterte Ausgabe des im Eranos-Jahrbuch 1948 erschienenen Essays,
mit der Erlaubnis des Rhein-Verlags, Zürich

Zehnte Auflage 1990

Herstellung: Freiburger Graphische Betriebe
Mit Erlaubnis der Ordensobern
ISBN 3-89411-194-1

INHALT

EINFÜHRUNG

> Eile rasch heim in dein Haus, dort erheitere dich, dort spiele und tu, was dir in den Sinn kommt.
> Sirach 32, 15 (Vulg.)

Was auf den folgenden Blättern vom spielenden Menschen geschrieben steht, wurde zuerst 1948 auf der Eranos-Tagung zu Ascona vorgetragen und ist im XVI. Band der Eranos-Jahrbücher 1949 im Druck erschienen.

Die erste Anregung und die letzte Begründung dieser Lebenslehre vom spielenden Menschen entstammt dem Geist des heiligen Thomas von Aquin. Das Wort des Ecclesiasticus, das wir diesem Opusculum als Motto voranstellen, hat der Aquinate einem seiner Opuscula als Geleitwort mitgegeben und hat es in kühner Allegorese also gedeutet: «Es hat die Pflege der Weisheit diesen einen Vorzug, daß sie bei ihrem Vollzug sich sozusagen selbst genügt. In äußeren Dingen nämlich bedarf der Mensch der Hilfe gar vieler Dinge. Aber in der Schau der Weisheit ist er um so schöpferischer, je einsamer er nur bei sich selbst verweilt. Darum ruft der Weise im oben genannten Vorspruch den Menschen zu sich selbst heim... ‚Und dort spiele', sagt er. Hier bedenke, daß die Schau der Weisheit trefflich dem Spiel verglichen wird. Und dies um zweier Dinge willen, die man im Wesen des Spiels finden mag: erstens, weil das Spiel erfreut, die Schau der Weisheit aber die tiefste Freude in sich birgt; zweitens, weil das spielende Tun nicht auf ein anderes hin zielt, sondern um seiner selbst willen gesucht wird. Und eben dies erfüllt sich auch in den Freuden der Weisheitsschau. Darum vergleicht selbst die Ewige Weisheit ihre Freude mit dem Spiel: ‚Da ward ich sein Entzücken Tag für Tag, und ich spielte vor ihm zu aller Zeit' (Prov. 8, 30)[1]».

In den Kapiteln der Theologischen Summe, die Thomas dem spielenden Menschen widmet, hat er seine von einem wundervoll ausgeglichenen Humanismus um-

[1] Expositio super Boethium De hebdomadibus (ed. P. Mandonnet, Paris 1927, S. 165f.

glänzte Lebenslehre vom Spiel genauer dargelegt[2]. Er weiß sich darin vor allem der Nikomachischen Ethik des Aristoteles verpflichtet, so wie er schon in seinem Kommentar zu diesem Buch des Stagiriten die adelige Lebenszucht des Spielenkönnens, die Eutrapelia, als schönes Ideal der Menschlichkeit vorzeichnet[3]. Für beide Denker ist der «Eutrapelos» der Mensch der ausgeglichenen Mitte zwischen dem «Bomolochos», das ist dem Possenreißer, dem um jeden Preis Lustigen, und dem «Agroikos», dem steifen Griesgram des sturen Ernstes. «Erholende Ruhe und heiteres Spiel scheint für das Leben notwendig zu sein», sagt Aristoteles[4]. «Also ist der bloß Ernste in dem Sinne untugendlich, als er das Spielen gänzlich verachtet, das doch so notwendig ist für das humane Leben wie das Ausruhen», sagt Thomas[5]. Diese griechische Weisheit wird nun in der Theologischen Summe in die innerste Mitte christlicher Lebenskunst hineingenommen. Hier weiß sich Thomas nicht nur dem Stagiriten verpflichtet, sondern noch viel mehr der geistlichen Weisheit der Väter und Mönche der kirchlichen Urzeit. Augustinus kommt zu Wort mit seinem Vers aus dem zweiten Buch De Musica[6], daß der wahrhaft Weise ab und zu die gespannte Schärfe seines Geistes lässig lockern müsse, und eben dies, fügt Thomas hinzu, geschieht durch spielendes Tun und Reden[7]. Und hier kommt dem Aquinaten die reizende Legende in den Sinn, die er in den Collationes des Cassian[8] gelesen hat, vom alternden Apostel Johannes, der mit einem Rebhuhn spielte, und von dem in einer karolingischen Fassung das hübsche Wort geschrieben steht: «So schaut mir doch, wie dieser alte Mann gleich einem

[2] S. Th. 2, II, qu. 168, art. 2–4.

[3] In decem libros Ethicorum Aristotelis ad Nicomachum Expositio, 1, X., lect. 9 und 1. IV, lect.16 (ed. R. M. Spiazzi, Turin-Rom 1949, S.540 und 237). – Aristoteles, Eth. Nic. X, 6, 1176b. – IV, 14, 1128a. – II, 7, 1108a.

[4] IV, 14, 1128b.

[5] 1. IV. lect. 16 (Spiazzi S. 237).

[6] De Musica II, 14 (PL 32, 1116 A).

[7] 2, II, qu. 168, a. 2 Sed contra.

[8] Collatio 24, 21 (PL 49, 1313 A). – 2. II, qu. 168, a. 2 corp.

Jungen mit einem Vögelchen spielt![9]» Oder die andere wundersame Geschichte, die Thomas in der Geschichte der Mönchsväter gelesen hat, vom großen Paphnutius, der sich so klein fühlte vor der heimlichen Tugend eines flötenblasenden Räubers, dessen unnütz verspieltes Leben er dennoch in himmlischem Glück enden sieht[10].

Von dem Geheimnis dieser menschlichen und christlichen Lebensweisheit des spielenden Menschen soll darum hier gesprochen werden. Denn das ist eine heilende Notwendigkeit für uns Menschen von heute, die wir in die Verzwecktheit des blöden Ernstes oder in die Sinnlosigkeit einer bloßen Diesseitigkeit verstrickt sind. Die besten Geister unserer Tage haben sich an dieser Frage wundgerieben oder fröhlich gemacht. Wenn sich Hermann Hesse in seinem «Glasperlenspiel» zur Aufgabe gemacht hat, einer im sturen Ernst der bloßen Zwecksetzung verkommenen Kultur zu zeigen, daß der wahre und volle Mensch nur ein Mensch des heiteren, gelösten, geisterfüllten, und eben darum ernsten Spiels sein kann, dann greift er als wahrer Ludimagister, als Meister des Spiels, eine Frage auf, die zu den tiefsten der Kultur- und Religionsgeschichte gehört. Er will, wie schon das dem Roman vorausgeschickte Motto aus Albertus Secundus andeutet, lehren, auf welchen Wegen der heutige Mensch aus dem faulenden Zerfall der «Feuilletonepoche» zu einer Geisteszucht von mönchischer Strenge sich wandeln kann, indem er lernt, aus seinem Leben ein Spiel zu gestalten, dessen freie, beschwingte Kraft allerdings nur jenem Menschen möglich ist, der es schmerzlich und ernst gelernt hat, dieses Spiel zu spielen durch «ein enthaltsames und selbstloses Leben der absoluten Versenkung, vergleichbar dem streng geregelten büßerischen Leben, welches die Teilnehmer an einer der Übungen des heiligen Ignatius führen[11]». Ein Mensch dieser kastalischen Heiterkeit kann

9 Hincmar von Reims, Vita Remigii 13 (PL 125, 1140f.).

10 Vitae Patrum VIII, 63 (PL 73, 1170f). – Rufinus, Hist. Monachorum 16 (PL 21, 435f.).

11 Das Glasperlenspiel, Zürich 1943, I, S. 59.

dann alles in dieses wundervolle Spiel einbeziehen, «die klassischen Formulierungen einer Bibelstelle, einen Satz aus einem Kirchenvater oder aus dem lateinischen Meßtext ebenso wie eine Mozartmelodie[12]». Der Mensch dieser Prägung wäre dann der Mensch der frohen Geistesentbundenheit, der ichgelösten Hingabekraft, ein Mensch der heiter gewordenen Enttäuschung mit dem beschwingten Schritt dessen, der die Welt unter sich hat und nichts mehr von allem Irdischen verfälscht, indem er es zu ernst nimmt. Ein homo vere ludens.

Was in diesem Glasperlenspiel geahnt wird, haben die verborgenen Weisen unter den Griechen und unter den christlichen Kirchenvätern schon tiefer gewußt und in seinen innersten Bezügen auf den lebendigen und persönlichen Gott hin erfaßt. Dies mit einer Fülle von Zeugnissen aus den Schätzen dieser Größten unter den Ludimagistri der Geistesgeschichte aufzuzeigen, ist der Sinn und die Aufgabe der hier vorgelegten Gedanken. Unser Ausgangspunkt ist die letzte Seite des Werkes über den «Homo ludens», das uns der große Kulturphilosoph Huizinga[13] geschenkt hat: er deutet dort nur eben an, wie das Schönste des menschlichen Geisteslebens eine heimliche Nachbildung jener ewigen Weisheit ist, die da seit Urbeginn vor Gottes Antlitz spielt. Hier setzen wir ein: unsere Darlegungen sollen ein Versuch zur theologischen und religiösen Sinndeutung des Spiels sein. Unser Ziel ist es, schöpfend aus den vergessenen Reichtümern der Antike und der alten Kirche, zu zeigen, was der Mensch von heute verloren hat, weil er nicht mehr spielen kann, und dies, weil er (um mit Elisabeth Langgässer zu sprechen[14]) «mysterienlos» geworden ist und «nur ein Teil aus der geordneten Masse der unterschiedslosen Termiten». Der Pater Benoît in diesem tiefsinnigen Roman, der sterbend in seinen Fiebern die heimlich schleichenden Krankheiten unserer modernen Welt schaut, spricht es betend zu Gott

[12] Ebd. I, S. 61.
[13] Homo ludens, Amsterdam 1939.
[14] Das unauslöschliche Siegel, Hamburg 1946, S. 478.

aus, was wir mit allen unseren Worten und Zeugnissen meinen: «Wer wird sich zu dir, o mein Gott, bekehren? Wer gibt diesem Land wieder neue Klöster des Stillschweigens und der Anbetung, Herr? Wer schenkt ihnen das Bedürfnis zu spielen in der Art, wie die Weisheit am Anfang spielt, ehe die Schöpfung war? Wer verwandelt das fürchterliche Gebilde aus lauter Zweck, o mein freier Gott, in pure Nutzlosigkeit? In reinen Lobgesang jede Bitte und jeden Mangel in ein Gefäß, das mit Ursprung angefüllt ist?»

Es wird nicht notwendig sein, hier zuerst lange und aufhaltend über die Fülle jener lebendigen Haltung zu sprechen, die wir mit dem Wort «Spiel» zusammenfassen. Das haben *Buytendijk*[15], *Huizinga*[16] und *von Kujawa*[17] (in seinem C. G. Jung gewidmeten Buch) getan. Nur ein paar Grundgedanken seien eben angedeutet, die dann im folgenden sich wie von selbst mit Inhalt und Schönheit füllen werden. Wenn wir meinen, daß der «Spielende Mensch» der Mensch der höchsten Kulturentfaltung ist (oder, leider, war), so liegt dem eine Gesamtschau dessen zugrunde, was wir Spiel nennen, die in ihrem ureinfachen und zugleich formgefüllten Reichtum, wie jede Haltung, schwer zu beschreiben ist. Spiel ist uns zunächst einmal eine wesentlich seelisch-leibliche Betätigung des Menschen: der gelungene Ausdruck eines inneren seelischen Könnens mit Hilfe der leiblich sichtbaren Geste, des hörbaren Tons, der betastbaren Materie. Insofern ist Spiel nichts anderes als eben jenes «Einspielen» des Geistes auf seine Leibwerdung hin, das im Biologischen die schöngeformte, körperbildende Übung ist, im Seelischen aber das Künstlerische in seiner umfassendsten Bedeutung. Von Spiel sprechen wir dann, wenn diese Beherrschung des Leiblichen durch den Geist irgendwie ihre Vollendung gefunden hat in der behenden Leichtigkeit, in der wie schwebenden Eleganz des «Könnens»; wenn das Wort oder der Ton oder die Geste dem

15 F. J. *Buytendijk*, Wesen und Sinn des Spieles, Berlin 1933.

16 Homo ludens.

17 G. von *Kujawa*, Ursprung und Sinn des Spiels, Leipzig 1940.

Geist verfügbar und schmiegsam geworden ist; wenn das leiblich Sichtbare zum Ausdruck einer inneren Fülle geworden ist, die in sich selber ruht. Darum ist Spiel eine Tätigkeit um des Tätigseins willen, sinnvoll, aber zweckfrei. Das selig spielende Kind, der sein Instrument spielende Künstler (und wie wenige «spielen» es), der Genius, dem alles wie spielend von der Hand geht: sie sind Verwirklichungen einer Ursehnsucht des Menschen nach der unbehinderten, freien, beschwingten Harmonie zwischen Seele und Leib.

Hier liegt nun aber auch der Ansatzpunkt für eine theologische Vertiefung des Begriffs vom Spiel, und ihr sind alle Gedanken gewidmet, die im folgenden vorgetragen werden. Woher kommt es denn, daß das Kind, dieser wesentlich spielende Mensch, zum Sinnbild und Inbegriff der seligen Existenz wurde, die wir verloren haben und die wir wiederzugewinnen uns sehnen? Warum sinnbildet der religiöse Mensch aller Kulturen das Leben im Jenseits als einen wundervoll gelösten, glückseligen Tanzreigen? Die Antwort liegt dort verborgen, wo die Menschheit aus einer Urerfahrung, von einer Uroffenbarung bestätigt, weiß, daß ihr vom Schöpfer einst ein anderes, abgestimmteres Verhältnis zwischen Seele und Leib geschenkt war, das es in Schmerzen und Ernst und durch alle Zerrissenheit hindurch wieder zu erringen gilt. Im Mythos vom spielenden Gottkind gewinnen diese menschlichen Ureinsichten Gestalt, wie uns K. *Kerényi* und C. G. *Jung* gezeigt haben[18]. Und noch die Putti der barocken Kunst, die so fröhlich mit Weltkugeln spielen, sind davon wie eine letzte tiefe Ahnung, getragen von der abgründigen christlichen Wahrheit, daß nur «Kinder» eingehen in das Königreich der Himmel. Spiel und Reigen sind darum, wo immer sie hienieden echt und ernst gelingen, eine Antizipation des Himmlischen, eine in Geste oder Ton oder Wortgefüge hineingeformte Vorwegnahme jener Harmonie zwischen Seele und Leib auf Gott hin, die wir Himmel

[18] C. G. *Jung* und K. *Kerényi*, Einführung in das Wesen der Mythologie, Amsterdam-Leipzig 1941.

nennen. Die Ewigkeit wird also sein, was das verlorene Paradies war: ein göttliches Kinderspiel, ein Reigen des Geistes, eine endlich und ewig gelungene Leibwerdung der Seele. Daher kommt es, daß das Spiel in seinen Uranfängen zuerst heilig, dem Göttlichen geweiht, und daß der Tanz eine wesentlich kultische Handlung war. Und umgekehrt: daß der spielende Mensch in seiner gelösten Heiterkeit, in der Anmut seines lächelnden Weltverzichts, in seiner weisen Gelassenheit, dies alles nur sein kann, wenn er die Welt nicht verzerrt zu einer nur innerkosmischen oder innerseelischen Wirklichkeit, sondern offensteht für Gott, wenn er also für sich und seine Lebensgestaltung die Antizipation des Ewigen schon vollzogen hat, wenn er gleichsam mit der schwebenden Eleganz des Tänzers die Erdkugel mit Füßen von sich stößt und dennoch und zugleich die Welt ans Herz drückt als die transparent gewordene Sichtbarkeit des schöpferischen Gottes.

Aus diesen Andeutungen ergeben sich uns nun die Gedankengruppen, in die wir die Fülle dessen, was griechische und christliche Ludimagistri uns vom spielenden Menschen gesagt haben, einzugrenzen suchen. Wir können das Geheimnis des homo ludens nicht erfassen, wenn wir nicht zuerst in aller Ehrfurcht sprechen vom Deus ludens, von dem schöpferischen Gott, der die Welt der Atome und der Geister wie in einem ungeheuren Spiel ins Dasein rief – denn auch die genialste Geste des spielenden Menschen ist nur wie eine kindlich ungefüge Nachahmung des Logos, der seit Urbeginn vor dem Antlitz des Vaters «spielt» (I). Dann wenden wir uns dem spielenden Menschen zu (II). Wir versuchen darin eine Art von Psychographie des homo ludens, eine Beschreibung jener wie schwebenden Haltung zwischen Heiterkeit und Ernst, zwischen Scherz und Tragik, welche die Griechen mit dem unnachahmlichen Wort vom *ἀνὴρ σπουδογέλοιος*, vom «ernstheiteren Menschen» bezeichneten. Dieser Mensch ist imstande, aus seinem Leben ein schönes Spiel zu gestalten, weil er weiß, daß eben dieses Leben eine Tragödie ist oder ein Komödienspiel. «Scherz und Ernst sind

Geschwister», sagt Platon im sechsten Brief[19]. In der christlichen Wahrheit heben sich diese scheinbaren Gegensätze auf zu jener von aller Tragik freien Ernstfröhlichkeit, mit der Clemens von Alexandrien das Leben ein «göttliches Kinderspiel» genannt hat. Von da aus geht unser Gedankengang, anknüpfend an die eben ausgeführte Psychographie des christlichen Menschen als eines alle Tragik überwindenden homo ludens, in eine sublime Region der Theologie (III), wo die Worte und die Bezüge weise gewogen werden müssen, um den Eindruck zu vermeiden, als wollten wir die Welt der christlichen Wahrheit ihres abgründigen Ernstes berauben; wir versuchen mit den Vätern und den Theologen zu sprechen von der «spielenden Kirche», also dem leibgeistigen Raum, in dem der menschgewordene Logos sein «Spiel der Gnade» aufführt, und wo der katholische Mensch, der sich noch nicht verloren hat an einen wuchernden Intellektualismus, in seiner schönen Einheit von Begnadigung und Menschbleiben dem Gnadenspiel antwortet im Spiel seiner Sakramente und seiner Liturgie. So, daß Kirche und Gnade und liturgisches Tun ihm nur ist wie ein Vor«spiel» jener gelösten Heiterkeit, die da sein wird im ewigen Spiel der göttlichen Schau. Endlich, weil kein symbolisches Bild dieses irdisch-himmlische Spiel schöner auszudrücken vermag als das Wort vom göttlichen Tanz und vom himmlischen Reigen, beschließen wir (IV) unsere Theologia ludens mit dem Versuch einer theologischen Deutung des Tanzes: mit einem Blick in jene unaussprechlichen Geheimnisse der Rückkehr in das Spiel des reinen Glanzes, das schon Platon im Phaidros[20] geahnt hat, und das der Christ Hippolyt von Rom in hymnischer Trunkenheit preist als das ewige Fest des Logos, der da ist der «Vortänzer im mystischen Reigen, wenn der tanzende Chor der Erde zu Gott heimkehrt[21]».

[19] Brief 6 (323 D).
[20] 250 B.
[21] Über das Pascha, Homilie 6 (PG 59, 744 D).

1
DER SPIELENDE GOTT

Platon nennt den Menschen ein *παίγνιον θεοῦ*, ein «Spielzeug Gottes», und sieht darin des Geschöpfes höchste Vollkommenheit. Das ist einsichtig: denn wenn die höchsterreichbare Formung des Menschen in eben jener geistigen Schwebe, in der instinktsicheren Beherrschung des Körpers, in der Eleganz des Wissens und des Könnens besteht, die wir Spiel nennen, dann vollendet sich darin, platonisch gesprochen, die Teilhabe am Göttlichen, die ahnende Nachvollziehung und die noch erdgebundene Rückgewinnung einer ursprünglichen Einheit mit der Fülle des Einen und Guten. Wenn wir also sagen, der schöpferische Gott «spielt», so hüllt sich in dieses Bild die metaphysische Einsicht, daß die Schöpfung der Welt und des Menschen ein zwar göttlich sinnvolles, aber in keiner Weise für Gott notwendiges Tun darstellt. Indem wir mit der Bezeichnung «sinnvoll, aber nicht notwendig» das innerste Wesen des göttlichen Spiels umgrenzen, nehmen wir dem schöpferischen Tun Gottes in keiner Weise seinen ungeheuren Ernst (der eben in der abgründigen Sinnhaftigkeit besteht), aber wir verfälschen es auch nicht zu einem Tun, das metaphysisch notwendig aus der Wesenheit Gottes erfließen müßte, als ob Gott sozusagen seinem eigenen Werk unterworfen oder (in irgendeinem pantheistischen Sinn) mit ihm identisch sei. Der Schöpfer ist frei, er ruft aus der unendlichen Fülle der möglichen Ordnungen eine bestimmte, genial (wenn wir so von Gott sprechen dürfen) ausgewählte und durchformte ins Dasein, um an ihr und durch sie hindurch seine Weisheit und Güte sichtbar werden zu lassen. Die Weise dieses Hervorgehens alles geschaffenen Seins aus der machtvoll leise und sicher gestaltenden Schöpferhand ist aber zugleich der innerste Rhythmus, die Entelechie, die Sinngerichtetheit aller Schöpfung: sie spielt vor Gott ihr kosmisches Spiel, vom Reigen der Atome und der Sterne bis zum ernstschönen Spiel des Menschengenius und bis zum seligen Tanz, in den die zu Gott heimkehrenden Geister sich einfügen. Der homo ludens kann nur verstanden werden, wenn wir zuerst in aller Ehrfurcht sprechen vom Deus ludens.

Beginnen wir mit den berühmten Worten aus Platons Gesetzen, die uns klingen wie das edle Grundthema einer symphonischen Dichtung. «Ich versuche», so spricht der Ludimagister griechischer Lebenskunst, «die für die Menschen beste Gestaltung der Lebensweise darzulegen. Und ich komme mir dabei vor wie ein Schiffsbaumeister, der seinen Bau damit beginnt, daß er mit der Kiellegung dem ganzen Schiffskörper seine Gestalt vorzeichnet. Wie er, so vollziehe auch ich eine Art von Kiellegung, wenn ich eine richtige Erkenntnis davon zu gewinnen suche, durch welches Verfahren und mittels welcher Gemütsart wir unser Lebensschifflein am besten durch die Klippen dieses menschlichen Daseins hindurchsteuern. Was ich aber sagen will, ist dies: das Ernsthafte muß man mit Ernst betreiben, was aber keines Ernstes wert ist, das nicht. In der Tat und Wahrheit aber ist es *Gott*, der alles seligen Ernstes wert ist. Der Mensch dagegen ist, wie früher schon bemerkt wurde[1], nur ein Spielzeug in der Hand Gottes, und eben das ist in Wahrheit gerade das Beste an ihm. Jedermann also, Mann wie Frau, muß diesem Ziele nachstreben und die schönsten Spiele zum eigentlichen Inhalt seines Lebens machen[2].» Wir verkennen an dieser Schau des Menschenwesens gewiß nicht die heimliche Melancholie, die den alt und weise gewordenen Platon der Nomoi erfüllt. «Die Menschen sind ja dem überwiegenden Teil ihrer Seele nach nur bloße Drahtpuppen *(ϑαύματα)* und haben an dem wahren Wesen der Dinge nur ganz geringen Anteil», so fährt er unmittelbar fort. Aber gerade in dieser schmerzlich lächelnden Bescheidung liegt das Tiefste des spielenden Menschen verborgen: so kann nur einer sprechen, der die wahren Bezüge aller irdischen Dinge erschaut hat im Aufblick zu Gott, der aller Wesen Wesenheit ist, und der darum den Menschen und sein Geschick

[1] Leges 644 D, 604 D.
[2] Leges 803 BC.

nicht ernster und nicht unernster nimmt, als es einem wundersamen Spielzeug zukommt. Das wird wundervoll ausgesprochen in dem dialogischen Einwand, den an dieser Stelle der nüchtern praktische Lakedaimonier Megillos macht (und hierin liegt die Auflösung der Aporie des Spiels): «Du machst uns das Menschengeschlecht aber denn doch gar zu schlecht, mein Freund.» Und der Athener antwortet: «Wundere dich nicht, mein Megillos, sondern halte mir das zugute. Denn meine Worte erklären sich aus dem Hinblick auf *Gott* und aus der eben beschriebenen Stimmung. Magst du denn recht haben: so schlimm steht es nicht ganz mit dem Menschengeschlecht und einigen Ernstes ist es doch wert.» Wer also Gott selig ernst nimmt, darf das Menschengeschöpf nicht so ernst nehmen, als sei in ihm aller Sinn der Dinge beschlossen: und wer einmal diese im Wesen des geschöpflich teilhabenden Seins liegende Transzendenz begriffen hat, eben der kann «spielen», denn er weiß nun um die Mitte zwischen Ernst und Scherz, zwischen Tragik des Daseins und der heiter vertrauensvollen Hingabe an das Spiel des Lebens, das geheimnisvoll gelenkt wird von der Güte einer spielenden Weisheit.

Die griechischen Weisen haben davon in Philosophie und Mythos ein ahnendes Wissen gehabt. In einem vielfältig gedeuteten Fragment des *Herakleitos* schon wird das ausgesprochen: *αἰὼν παῖς ἐστι παίζων, πεσσεύων. παιδὸς ἡ βασιληίη.* «Der Aion ist ein spielendes Kind, Brettsteine schiebend. Königsherrschaft eines Kindes[3]. »Dieses Wort des dunklen Heraklit, mit dessen Deutung sich auch Nietzsche[4] befaßt hat, und das doch wohl ein verlorener Klang aus den Tiefen der orphischen Frömmigkeit ist[5], besagt

[3] Fragment 52 (Diels, Fragmente der Vorsokratiker I[5], Berlin 1934, S. 162). Aufbewahrt bei *Hippolyt*, Elenchos IX, 9, 4 (GCS III, S. 242, Z. 3–5). – Zur Interpretationsgeschichte vgl. E. *Zeller* – W. *Nestle*, Die Philosopie der Griechen I, 2. (6. Aufl.), Leipzig 1920, S. 807f.

[4] Ges. Werke X, S. 37ff.

[5] F. *Lasalle*, Die Philosophie Herakleitos des Dunklen, Berlin 1858, I, S. 243f. – W. *Nestle*, Heraklit und die Orphiker: Philologus 64 (1905) S. 367–384.

zunächst die Einsicht in das unaufhörliche Werden und Vergehen des Kosmos, der da ist «wie ein Mischtrank, der sich zersetzt, wenn er nicht immer wieder aufgerührt wird»[6]: der Fluß aller Dinge. Aber hinter den Hüllen der Erscheinungen wird für den vom Logos Erfüllten der lenkende Sinn greifbar: der Aion (wie immer man ihn deuten mag) ist König und Kind zugleich, unwiderstehlich in seiner fügenden Allmacht und dennoch genial unbekümmert wie ein Kind am Spielbrett. Sein Werk ist sinnvoll (also königlich), aber nicht notwendig (also kindlich): ist ein göttliches Spiel. In eben dieser dialektischen Aporie «König und Kind» liegt das metaphysische Wesen der Schöpfung, die uns erlaubt, von einem spielenden Gott zu sprechen. Nicht die sture Notwendigkeit eines sich weltinnerlich vollziehenden Ablaufs der Dinge, sondern die spielhaft schöne Ordnung eines Logos, der nicht seine Welt selbst ist: aus dieser Ahnung des Heraklit haben die späteren Denker der Logosphilosophie noch oft vom göttlichen Spiel der Weltordnung gesprochen. *Philon* der Alexandriner wendet den Gedanken des heraklitischen Flusses aller Dinge in einer großen Betrachtung des politischen Geschehens auf die Geschichte an. Die immer neu ausgleichende Gerechtigkeit des Weltplanes schafft und fegt weg die einzelnen Reiche der Menschenkultur, Karthago, Griechenland, Makedonien, und verteilt wie in einer machtvollen Welt-Demokratie stets von neuem die Kräfte und Aufgaben zu geschichtlichem Wirken. Aber das ist nicht die innerweltliche grausam unerbittliche Tyche, sondern das Spiel des Logos. Und hier formt er das tiefe Wort: *χορεύει γὰρ ἐν κύκλῳ λόγος ὁ θεῖος, ὃν οἱ πολλοὶ τῶν ἀνθρώπων ὀνομάζουσι Τύχην:* «Es führt aber der Logos, der Göttliche, einen Reigentanz im Kreise auf, Er, den die Vielen unter den Menschen das Geschick nennen[7]». So werden die bunten Dinge dieser Welt und so wird alles Geschehen wie transparent auf den spielenden

[6] Fragment 125 (Diels, Fragm. d. Vorsokr. I^5, S. 178).
[7] Quod Deus sit immutabilis 176 (Cohn-Wendland, III, S. 92, Z. 22f.).

Gott hin. «Es schafft das Leben des Alls in seiner Fülle alle Dinge», sagt *Plotin*, «und indem es lebt, schafft es bunte Mannigfaltigkeit, es hält nicht inne, sondern erschafft unablässig schöne, wohlgestalte, lebendige Spielzeuge[8].» Das Sichtbare ist für diese Denker des späten Griechentums mit ihrem wach gewordenen Sinn für die Transzendenz des Göttlichen nur eben wie ein *εἴδωλον*, wie eine «Kindergeschichte», wie ein *παίγνιον θεοῦ* gegenüber dem wahrhaft Seienden, vergleichbar den athenischen Geschichten des Solon, die (nach Platons Wort[9]) nur Kindermythen der «jungen» Athener sind im Vergleich mit der uralten Weisheit der Ägypter. So *Proklos* in seinem Kommentar zum platonischen Timaios[10]. «Und so sagen denn andere, daß der Weltbildner in seiner Gestaltung des Kosmos ein Spiel aufführe, wie es schon Herakleitos gesagt hat[11].»

Was hier vom göttlichen Spiel der Weltbildung philosophisch erdacht wurde, gewann früher, unmittelbarer (und vielleicht sogar tiefer) Gestalt in der Bildwelt des Mythos. Die bei Heraklit mitklingende orphische Ahnung von der Dialektik, welche schwingt zwischen Weltschöpfung und Weltspiel, zwischen König und Kind, liegt auch allen Mythen vom Gottkind zugrunde. Dionysos, Hermes, Apollon, Herakles sind alle zuerst weltbildende Kinder, und K. *Kerényi*[12] hat uns darüber belehrt, daß es sich dabei nicht um «biographische» Mythen handelt, sondern um den mythischen Ausdruck der göttlichen Wesenheit, des zeitlosen und auch im Kind wirksamen Seins des ewig Mächtigen und Gestaltenden, des auf kindliche Weise alles Könnenden und alles Wissenden – eben des Gottes, der «spielend» alles hervorbringt. So spielt das Dionysoskind, nach dem bei Clemens von Alexandrien aufbewahr-

[8] Enneade III, 2, 15 (Ausgabe von Harder, V, S. 43).
[9] Timaios 23 B.
[10] In Timaeum I, 39 (Diehl I, S. 127).
[11] In Timaeum II, 101 (Diehl I, S. 334).
[12] Einführung in das Wesen der Mythologie, S. 42f.

ten orphischen Fragment, mit den bunten Spielzeugen, aus denen die Welt besteht:

> «Kreisel verschiedener Art und gliederbewegende Puppen, Äpfel auch, goldene, schöne, der singenden Hesperostöchter[13].»

In den gleichen mythischen Kreis gehören gewiß die Spielzeuge des Pais im thebanischen Kabirenmythos[14]. Es ist ein Spiel mit der Welt, ein weltenzeugendes Spiel des göttlichen Kindes, so wie im Mythos vom jungen Zeus, dem die Amme Adrastea die Sphaira, den schönen Weltball, verfertigt, mit dem das Kind in der idäischen Grotte spielt[15]. Aphrodite und Eros spielen miteinander das schicksalsreiche Ballspiel, wie uns Apollonios Rhodios ebenfalls im dritten Buch der Argonautica schildert. Johann Jakob *Bachofen* hat die kosmische Bedeutung dieser Mythen vom göttlichen Ballspiel tief, wenngleich etwas verallgemeinernd, erkannt: «In Apollonios' Darstellung beschreibt der von Urania geworfene Ball eine Feuerlinie durch den Luftraum gleich einem Sterne, in einem Sapphischen Fragment trägt er purpurne Feuerfarbe: Vorstellungen, in welchen die kosmische Urbedeutung klar zutage tritt[16].» Überall atmet in solchen Mythen die Ahnung, daß die Welt nicht aus Zwang, nicht als kosmisch notwendiger Entfaltungsprozeß aus dem Göttlichen hervorgegangen ist, sondern aus einer weisen Freiheit, aus dem heiteren Nichtmüssen des göttlichen Genius – aus der Hand eines «Kindes». «Denn das Lächeln der Götter gab den Dingen des Kosmos Sein und Bestand», sagt *Proklos* im Timaioskommentar[17]. Es ist der kindliche Logos, der die

[13] Orphicorum fragmenta 34 (Kern, Berlin 1922, S. 110f.). – *Clemens* Al., Protrepticos II, 17, 2 (GCSI, S, 14, Z. 7). – Vgl. dazu W. *Wili*: Eranos-Jahrbuch XI (1945) S. 76.

[14] Vgl. O. *Kern*: Realenzyklopädie von Pauly-Wissowa, X (1919) Sp. 1440.

[15] *Apollonios Rhodios*, Argonauiica III, 131ff. (Merkel, S. 88).

[16] Urreligion und Symbole (Herausgegeben von C. A. Bernoulli), Leipzig 1926, I, S. 476f.).

[17] In Timaeum III, 147 (Diehl II, S. 27, Z. 26). – Vgl. auch ebd. III, 169 (Diehl II, S. 98, Z. 12f.).

Sphaira des Weltalls in seinen spielenden Händen hält – jener λόγος-παῖς, «das Logos-Kind», das auch in der christlichen Mystik, von Valentin dem Gnostiker bis zum «nackichten Knaben» des Meisters Eckehart, ein Symbol dieser ungeheuren Spannung zwischen Allmacht und Spiel, zwischen Gotteskraft und Kinderschwäche darstellt. So trägt denn auch das Jesuskind der mittelalterlichen Kunst noch die Sphaira der Welt in seinen wie spielenden Händchen, den «Apfel» seines göttlich heiteren Spiels mit dem Kosmos. Sind ja doch auch die Putti des Barock nur eben die letzten, kaum mehr verstandenen Nachfahren dieser Versinnlichung des göttlichen Weltspiels, wenn sie wie winzige Giganten mit Erdkugeln spielen, leibgewordene Symbole der göttlichen Urgedanken, aus denen sich das Feuerkugelspiel der Weltschöpfung entschleudert. «Im Gegensatz zu den Kindern der Menschen haben diese Knirpse das Weltall hinter sich und um sich her, vom Himmel bis zur Hölle... sie sind ewige Kinder, jedoch keine Zwerge, eher verhinderte Riesen[18].»

Damit sind wir fast unmerklich in die Nähe von Gedanken gekommen, die nicht mehr nur dem philosophischen Grübeln oder dem mythischen Ahnen entsprangen, sondern dem Offenbarungswort der Schrift. Von der göttlichen Weisheit (Chokma) wird uns verkündet, sie habe seit Urgezeiten vor dem Antlitz des weltschöpfenden Gottes gespielt – und was griechische Kirchenväter schon aus Platon und Plotin ahnend besaßen: unter der Gewalt des Gotteswortes formt es sich zu ihrer wundersamen Theologie vom spielenden Gott. Der Text aus dem Buch der Sprüche lautet (Prov. 8, 27–31):

Als Er den Himmel herstellte, war ich da.
Als Er die Grundfesten der Erde stark machte,
da war ich bei ihm als sein Pflegling,
da war ich sein Entzücken Tag für Tag,

[18] R. *Gläser*, Ein himmlischer Kindergarten, München 1939, Zitiert nach *Jung-Kerényi*, Einführung in das Wesen der Mythologie, S. 8.

spielte vor ihm zu aller Zeit,
spielte auf seinem Erdkreis.
Und Freude über mich war bei den Menschenkindern[19].

Hier wird in einer dichterischen Dramatisierung der Weltschöpfung die Weisheit Gottes geschaut als eine Hypostase[20], die «bei Gott» ist, und auf die der Weltschöpfer sein entzücktes Auge richtet, indem er die sichtbaren Dinge hervorbringt: «Die Chokma war bei Gott, wie die Idealform dem Künstler das treibende Agens in seiner Tätigkeit ist[21].» Die Weisheit aber ist Gottes «Pflegling» oder, wie auch übersetzt wurde (es handelt sich im Text um einen einzig hier vorkommenden, schwer zu deutenden Ausdruck), sein «Schoßkind». Und diese Weisheit «spielt vor ihm», genauer «vor seinem Antlitz». Spielt wie ein unbekümmertes Kind, und an den Bewegungen seines Spiels erschaut der Weltbildner die zu formende Schönheit des Kosmos. Wir können dieses geheimnisvolle Wort von der spielenden Chokma noch vertiefen, wenn wir den an dieser Stelle gebrauchten hebräischen Ausdruck untersuchen[22]: er kommt noch an zwei anderen Stellen des Alten Testaments vor, im zweiten Königsbuch 6, 5 und 21. Hier bedeutet er «tanzen», und es wird dort gesagt: «David und alle Israeliten tanzten voll Eifer vor dem Herrn»; desgleichen verteidigt sich David gegen seine Gattin Michal und spricht: «Vor dem Herrn, ja vor dem Herrn will ich tanzen.» So übersetzt auch der Text der Septuaginta den Ausdruck an beiden Stellen mit *παίζοντες* und (sogar noch verdoppelnd) *παίξομαι καὶ ὀρχήσομαι*, «spielen will ich und tanzen». Deuten wir also den Ausdruck so, dann stände in dem mythisch großartigen Lobpreis der Weis-

[19] Nach der Übersetzung von H. *Wiesmann* (Bonn 1923, S. 30).

[20] P. *Heinisch*, Personifikationen und Hypostasen im Alten Testament und im Alten Orient, Münster 1921, S. 29f. – J. *Göttsberger*, Die göttliche Weisheit als Persönlichkeit im Alten Testament, Münster 1919, S. 28f.

[21] A. *Hudal*, Die religiösen und sittlichen Ideen des Spruchbuches, Rom 1914, S. 150.

[22] Eine Anregung, die ich Herrn stud. theol. R. Stecher (Innsbruck) verdanke.

heit: «Sein Entzücken war ich Tag für Tag, ich tanzte vor ihm zu aller Zeit, ich tanzte auf seinem Erdkreis.» Wie dem auch sein mag, jedenfalls kommen wir dem Sinn dieses Gotteswortes nahe, wenn wir sprechen von dem Tanzspiel der göttlichen Weisheit, von dem kindlichen Spiel der Weltschöpfung. Es war indessen für die Deutungsgeschichte dieses Wortes hindernd, daß die griechische Übersetzung der Septuaginta den Text bei Prov. 8, 30 und 31 nicht mit «spielen», sondern mit «sich erfreuen» wiedergab und also die griechischen Väter den Vers 8, 31 lasen: *ὅτε εὐφραίνετο τὴν οἰκουμένην συντελέσας*, «er freute sich, als er den Erdkreis vollendet hatte». Auch die altlateinische Bibelübersetzung liest hier nur: «Iucundabar ante faciem eius in omni tempore, cum laetaretur orbe perfecto», «ich freute mich vor seinem Antlitz allezeit, als er jubelte über die Vollendung des Erdkreises[23]». So fällt von diesen ältesten Übersetzungen her für die Väter der griechischen und lateinischen Urkirche der Gedanke zunächst weg, daß die Weisheit vor Gott «spielt». Sachlich aber ist auch in der «Freude am vollendeten Weltall» das künstlerische Spiel mitgegeben. Wird ja doch die Weisheit in der griechischen Übersetzung jenes einzig hier vorkommenden Wortes, das wir oben mit «Pflegling» wiedergaben, als *παρ' αὐτῷ ἁρμόζουσα* bezeichnet, als «mit Gott harmonisch Mitschaffende», als die ihn gleichsam im Schöpferwerk begleitende Harmonie. Das hat wiederum seinen Nachhall in der urlateinischen Vätertradition. Bei *Tertullian* etwa ist die Weisheit an dieser Stelle «modulans cum ipso»,die Mitmodelnde der Schöpfung, oder sogar die «Mitmalende» compingens cum ipso[24]. Und somit ist der spielende Tanz, auf den der Weltbildner entzückt hinschaut, eben die in der Weisheit, im Logos sich widerspie-

[23] P. *Sabatier*, Bibliorum Sacrorum Latinae Versiones antiquae, Reims 1743, II, S. 311.

[24] Adversus Hermogenem 18 (PL 2, 212C); 32 (PL 2, 227B). – Vgl. auch *Cyprianus*, Testimonia II, 1 (CSEL 3, 1, S. 62, Z. 12–14). – *Irenäus*, Adversus Haereses IV, 20, 3 (PG 7, 1034A). – *Hilarius*, In Psalmum 135, 12 (PL 9, 775B).

gelnde Fülle der Schöpfungsgedanken. «Das ist die Weisheit, an der Gott sich allezeit erfreute», so deutet *Origenes* den Text der Sprüche aus, «als der Erdkreis vollendet ward. Und daraus sollte einsichtig werden, daß Gott allezeit voll der Freude ist. In dieser Weisheit, die immerdar beim Vater war, ist allezeit vorgezeichnet und vorgebildet die Schöpfung. Und es gab keine Zeit, wo nicht eine Vorausbildung (praefiguratio) dessen, was künftig sein sollte, in der Weisheit vorhanden war[25]. «Durch die von *Hieronymus* verbesserte Übersetzung des hebräischen Textes wurde vom vierten Jahrhundert an bekannt, daß das Gotteswort hier ausdrücklich vom «Spielen» der Weisheit sprach. Zugleich aber legt man nun das dunkle Wort aus im Sinne einer dogmatischen Abwehr der arianischen Leugnung der gleichwesentlichen Natur des Logos mit dem Vater. «Hat denn die Weisheit, das ist der Sohn Gottes, vor dem Antlitz des Vaters gespielt wie ein Kind?», so frägt *Salonius* in seiner mystischen Auslegung der Weisheitsbücher. Und er gibt die Antwort: «Ferne sei das. Wenn es heißt, er hat ‚gespielt', so muß man das so verstehen: er hat sich ‚gefreut'. Er spielte vor ihm alle Tage, will sagen: er freute sich, eins zu sein mit dem Vater, eine Substanz zu sein mit ihm vor allen Tagen der Ewigkeit. Wie aber ‚spielte' er auch auf dem Erdkreis allezeit? Weil er auch dann, als die Zeit des Weltenrunds und der Kreaturen anbrach, als Sohn sich freute, daß er allezeit das, was er war, im Vater verbleibend ist[26].» So wird denn hier das mystische Spiel des Logos in das innerste Wesen der dreieinigen Gottheit hineingeborgen: von dort aus und darin wird es erst zutiefst verständlich, warum das Entzücken des Vaters an seinem Sohn überfließen konnte auf den Erdkreis und all seine in der Ewigen Weisheit vorgebildete

[25] De principiis I, 4, 4 (GCS V, S. 67, Z. 11f.).). – Johanneskommentar I, 9 (GCS IV, S. 14, Z. 26). – Vgl. auch *Clemens* Al., Stromata VII, 2, 7 (GCS III, S. 7, Z. 10f.).

[26] Expositio mystica in Parabolas Salomonis (PL 53, 974A). – Im gleichen Sinne später *Beda* (PL 91, 966B), *Hrabanus Maurus* (PL 111, 710A) und die Glossa Ordinaria (PL 113, 1091D).

bunte Schönheit. Noch ein Schriftdeuter am Beginn der Neuzeit, der für solche Geheimnisse einen feinen Sinn bewahrt hat, sagt von diesem göttlichen Kinderspiel: «Der Sohn wird in Kraft seines ewigen Hervorgangs aus dem Vater geradezu ‚Kind' genannt, weil er in der Taufrische und Blütenschönheit seiner ewigen Jugend allezeit vor dem Vater ein Spiel aufführt[27].»

Wie lebendig den Griechen unter den Kirchenvätern, trotz der oben genannten Ungunst der Überlieferung des Textes aus den Spruchbüchern, der mystische Gedanke vom spielenden Weltlogos geblieben ist, zeigt ein in der spätgriechischen Theologie nie mehr vergessener Vers aus den Gedichten des *Gregor von Nazianz*.

παίζει γὰρ λόγος αἰπὺς ἐν εἴδεσι παντοδαποῖσι
κίρνας ὥς ἐθέλει κόσμον ὅλον ἔνθα καὶ ἔνθα[28].

Denn der erhabene Logos – er spielt. Mit buntesten
Bildern schmückt er, wie's ihm gefällt, auf jegliche
Weise den Kosmos.

Kein Geringerer als der kongeniale Deuter der dunklen Stellen aus des Nazianzeners denkerischer Welt, *Maximus Confessor*, nimmt diesen Vers zum Anlaß, eine ganze Mystik des göttlichen Spiels auszubreiten[29]. Noch einmal wird auf dieser vielleicht erhabensten Höhe der griechischen Theologie vom «spielenden Gott» einsichtig, was mit solchem Bild ausgesprochen sein soll: daß die Schöpfung und die Menschwerdung Werke einer sinnvoll, aber ungezwungen frei gestaltenden Liebe Gottes sind und daß wir von ihnen immer nur sprechen können, angesichts der blendenden Überfülle der göttlichen *φρόνησις*, in den Ausdrücken der negativen Theologie, so wie Paulus gesprochen hat von der «Torheit» und der «Schwäche» Got-

27 *Cornelius a Lapide*, Commentaria in Proverbia (Opera V, Ausgabe Paris 1868, S. 239.)
28 Carmina I, 2, 2, vv. 589f. (PG 37, 624A).
29 Ambigua 263 (PG 91, 1408ff.).

tes. Also sprechen wir vom «Spiel Gottes», der sich in der schöpferischen Entäußerung seiner selbst dem Geschöpf begreifbar macht im wundersamen Spiel seiner Werke; der mit den bunten Bildern seiner Welt uns ein «Kinderspielzeug» gestaltet hat, um uns, seine wahren *παίγνια*, dadurch zu dem «Ernst» des Ewigen und Unsichtbaren zu erziehen. Das ganze Spiel, das der Logos zum Entzücken des Vaters auf dem Erdkreis aufführt, sein kosmischer Tanz auf dem Weltenrund, ist nur wie eine spielende Andeutung dessen, was seit Urzeiten in den göttlichen Archetypen der Ewigen Weisheit ruhte und was sich enthüllen soll, wenn der Tanz der Erde zu Ende geht. «Denn dieses dieseitige Leben», so deutet Maximus den Vers des Meisters aus, «ist im Vergleich mit dem kommenden, dem göttlichen und wahren und archetypischen *(πρὸς τὴν τῆς θείας καὶ ἀληθοῦς ζωῆς ἀρχετυπίαν)* Leben nur eben wie ein Kinderspiel[30]. Hier geht das platonische Wort vom Menschen als dem *παίγνιον* des spielenden Gottes ein in die Geborgenheit einer christlichen und mystischen Weltauffassung. Und damit ist uns auch der Übergang gegeben zu einer vertieften Betrachtung des «spielenden Menschen», wie wir sie im zweiten Teil dieser Untersuchung vorlegen werden: weil Gott ein Deus vere ludens ist, muß der Mensch ein homo ludens sein. So, wie es uns H. U. *von Balthasar*[31] in seiner tiefsinnigen Deutung der kosmischen Theologie des Maximus sagt: «Von der Höhe dieser Vision aus zerschmelzen die Dissonanzen dieser Welt auch für Maximus in eine letzte Harmonie. ‚Was immer Dasein besitzt, ist gemäß einem vollkommenen Gesetze und vermag ein Besseres nicht anzunehmen[32].' Wer sie fassen und beschreiben will, muß daher in seiner Wissenschaft jene höchste gelassene Heiterkeit besitzen, die die Ruhe dieser Schau ausdrückt. Wer für einen Augen-

30 PG 91, 1416C.
31 Kosmische Liturgie, Maximus der Bekenner, Höhe und Krise des griechischen Weltbilds. Freiburg 1941, S. 7f.
32 PG 91, 1189B.
33 PG 91, 1416C.

blick lang das ungeheure kosmische Spiel erblickt hat, der weiß fürderhin, daß das kleine Leben des Menschen und all sein Ernst nur eine verschwindende Figur in diesem Tanze ist. ‚Wir selber', so sagt Maximus, ‚jetzt gezeugt und geboren wie der Rest der irdischen Tiere, dann zu Kindern geworden, endlich von der Jugend zu den Falten des Alters hinübergetragen, einer Blume gleich, die nur einen Augenblick dauert, strebend sodann und zum anderen Leben übergeführt – wahrlich, wir verdienen, ein Kinderspiel Gottes genannt zu werden[33].»

II
DER SPIELENDE MENSCH

Der Mensch ist nach Plotins Wort ein «lebendiges Spielzeug», also nicht nur eine Spielfigur, die von einer unbekannten Gewalt der Laune geschoben oder weggestellt wird. Er ist vorgebildet im Logos, Gegenstand einer göttlichen Künstlerfreude, und darum eben, so sahen wir bereits, ist, wie Platon sagte, das Beste an ihm, ein Spielender zu sein: ein Mensch, der in der Fülle der Betätigungen, die seinem geschaffenen Sein entströmen, leicht, weise, schön und ernst die schöpferische Kraft Gottes nachahmt, soweit es ihm gegeben ist. Diese schwebende Leichtigkeit ist niemals Leichtsinn, denn Leichtsinn ist immer heimliche Verzweiflung – der göttlich Spielende aber ist geborgen in dem Wissen um seinen unaufhörlichen Ausgang aus der schöpferischen und behütenden Hand Gottes. Der spielende Mensch ist darum ein Mensch des Ernstes, weil er immer um beides zugleich weiß, um die Sinnhaftigkeit sowohl als auch um die Nichtnotwendigkeit seines geschaffenen Daseins. Und hierin enthüllen sich die zwei Aspekte des irdischen Lebens, die der wahrhaft spielende Mensch mit wacher Schärfe sieht: das Dasein ist fröhlich (weil in Gott geborgen) und tragisch (weil in der Freiheit gefährdet). Es ist, wie *Platon* im Philebos sagt, eine Mischung aus Freude und Leid, eine Komödie und eine Tragödie zugleich[1]. Denn es gibt kein Spiel ohne tiefen Ernst, und selbst wenn Kinder spielen, treten sie mit einer fast mythischen Kraft in den Bannkreis der absoluten Verpflichtung und unter den Schatten eines möglichen Verlierens. Aus dieser dialektischen Spannung, die unaufhebbar ist, solange wir ein in Materie wandernder Geist sind, entbindet sich nun ein Wesenszug des spielenden Menschen, den wir aus der Fülle anderer hier möglicher Aspekte herausgreifen: der spielende Mensch ist der «Ernstheitere», jener Mensch, den die Griechen mit einem fast unüber-

[1] Philebos 50B.

setzbaren Wort den *ἀνὴρ σπουδογέλοιος* genannt haben. Wir wollen also zeigen, wie dieser Mensch immer ein doppelter ist: ein Mensch der heiteren Geistesentbundenheit, sozusagen der seelischen Eleganz, der unbesiegbaren Geborgenheit; und ebenso ein Mensch der Tragik, des Lachens und Weinens, oft geradezu der gelassenen Ironie, da er die tragisch lächerlichen Masken des Lebensspiels durchschaut, die bedrückenden Grenzen des irdischen Daseins ausgemessen hat. Und nun ist es so: nur wer diese beiden Gegensätze in eine seelische Einheit bringt, ist in Wahrheit ein spielender Mensch. Wäre er nur das eine, so müßten wir ihn einen unernst Verspielten nennen; wäre er nur das zweite, so bliebe er ein Verzweifelter. Die Synthesis aber ist der homo ludens, der Ernstheitere, der Mensch des gelösten Humors, der noch unter Tränen lächelt und am Grund aller irdischen Heiterkeit den Bodensatz des Ungenügens findet. Diese Ernstheiterkeit (Humor ist ein schönes, aber zu abgegriffenes, ja mißbrauchtes Wort) schwebt zwischen Himmel und Erde. «Humor ist nicht ohne die Zeit denkbar; aber er gehört doch zu den Dingen, die auch nicht ohne die Ewigkeit denkbar sind», schrieb Theodor *Haecker* in seinen Tag- und Nachtbüchern[2], mitten in dem Grauen des deutschen Zerfalls, der nur den sturen Ernst einer verteufelten Zweckhaftigkeit gelten ließ. Und so versuchen wir denn, diese Synthese auszudeuten in jener fast mozartisch schwebenden Haltung zwischen Tränen und Lächeln, zwischen Fröhlichkeit und Geduld, mit der die Kirchenväter der Urzeit auf ein paar ihrer schönsten Seiten geschrieben haben vom «göttlichen Kinderspiel» dieses irdischen Lebens.

Der spielende Mensch ist uns zunächst ein Mensch der ernsten Heiterkeit. Es liegt am Grunde jedes Spiels ein tiefes Geheimnis – wir ahnten es schon im Blick auf den schöpferisch spielenden Gott: alles Spiel, genau so wie der tiefste Ernst einer zu lösenden Lebensaufgabe, strebt nach jener Angleichung an den Weltschöpfer, der sein Werk

[2] Hegner-Verlag, Olten 1948, S. 285.

vollzieht mit dem göttlichen Ernst der inneren Sinnhaftigkeit, und doch zugleich mit der gelassenen Geste einer göttlich gekonnten, niemals notwendigen Künstlertätigkeit. *Plotin* hat dies geahnt, als er von dem Streben aller Dinge, auch des Spiels, nach der *θεωρία*, der angleichenden Schau des Göttlichen, sprach und seine Abhandlung selber mit der leichten Eleganz eines Spielenden begann: «Spielend fürs erste, ehe wir uns an den Ernst machen, möchten wir behaupten: nach der Theoria verlangen alle Dinge. Ist damit unsere gegenwärtige Abhandlung selber nur ein Spiel? Alles spielt ja nur aus Trieb nach der Schau, der Ernst des Mannes und das Spiel des Knaben[3].» Warum? Ich denke, weil nicht nur der Ernst die Wurzeln der Dinge findet, sondern oft noch leichter, tiefergrabend, weil spielerischer, die Heiterkeit, die Ironie, der Humor. *Xenophon* hat nicht unrecht, wenn er sein «Gastmahl» mit den Worten beginnt: «Mir scheinen die Werke der schönen und guten Männer nicht nur der Erinnerung wert, wenn sie mit Ernst *(μετὰ σπουδῆς)* vollbracht sind, sondern auch im Spiel *(ἐν ταῖς παιδιαῖς)*[4].» Im Spiel ebenso wie im Ernst erprobt sich nach *Platon* der «*τελέως σώφρων ἀνήρ*», der vollkommen weise gewordene Mann[5]. Diese Ernstheiterkeit erblüht nur in der Mitte zwischen Himmel und Erde: in einem Menschen, der die bunte Welt liebt und zugleich belächelt, der um ihre Herkunft aus Gott weiß und zugleich um ihre Grenzen, in denen sich alle Dinge stoßen, um so das Komische, das Tragische hervorzurufen, über das man sich ärgert, das man grimmig oder gütig gelassen hinnimmt, das uns bestürzt – und immer zugleich beglückt in der Schau auf jene Harmonie des «mitmodelnden Logos», aus dem alles ausgeht und zu dessen Schau alles Spiel hinstrebt. Dieser Humor des spielenden Menschen «ist gewachsen in der irdischen Unvollkommenheit und ist erblüht in der Liebe zur Welt»[6]. Ohne diesen gött-

[3] Enneade III, 8 (Harder III, S. 1).
[4] Symposion I, 1 (Thalheim, Leipzig 1915, S. 89).
[5] Leges 647 D.
[6] H. *Lützeler*, Über den Humor: Licht durch die Nächte, Freiburg 1939, S. 247.

lichen Tropfen des Öls müßte die Maschine der Welt knirschen und stillstehen. «Humor als ein Ausdruck von innerem Gleichgewicht und humaner Toleranz, von heiterer Sicherheit und Freiheit, ist ein unentbehrliches Element jeder höheren menschlichen Ordnung[7].» Das haben die weisen Griechen, diese wahren Ludimagistri, tiefer gewußt als wir Menschen von heute. Ludwig *Radermacher*, der an den Griechen weise gewordene Meister, hat uns das in seinem neuen Buch über «Weinen und Lachen» gezeigt, und wir verdanken ihm hier viel der Anregung[8]. Für *Xenophon* ist das *παίζειν σπουδῇ*, das «im Ernst-scherzen-Können», eine hohe Kunst der Lebensgestaltung[9]. *Strabon* nennt den Komödiendichter Menippos einen «*σπουδογέλοιος*»[10], ebenso wird bei *Diogenes Laertios* der Lyriker und Philosoph Herakleitos gerühmt[11]. Das eben wäre die schier übermenschliche Kunst einer humanen Seelenkultur: im Ernst noch spielen können und in allem Spiel des Ernstes nicht vergessen. Hingegeben sein an die Dinge, ohne sie je zu verachten in Weltflucht – und dennoch losgelöst sein, weil sie nicht zu ernst genommen werden dürfen. «So scherzte Sokrates über diese Dinge in ernster Absicht», sagt *Xenophon* zum Abschluß eines der tiefsinnigen Lehrstücke des heiteren Meisters[12]. Müssen wir hier eigens an den scherzenden und oft tollen Tiefsinn des *Aristophanes* erinnern (und steigt nicht sofort hier der alle Schichten des Seins enthüllende Humor des Shakespeare vor unserem Geiste auf)? Im Chorlied der «Frösche» an Demeter, der reinen Orgien Königin, wird

7 Franz *Schönberger*, Über Witz und Humor: Die Amerikanische Rundschau 2 (1946). – Vgl. E. *Ortmann*, Humor und Erziehung: Situation und Entscheidung, Zeitbuch für Politik und Kultur, I, Warendorf 1947, S. 145 bis 172. – H. *Höffding*, Humor als Lebensgefühl, Leipzig 1930. – Benedetto *Croce*, Kleinere Schriften zur Ästhetik, Tübingen 1929, S. 180ff.

8 Weinen und Lachen, Studien über antikes Lebensgefühl, Wien 1947.

9 Kyropädie VI, 1, 6 (Gemoll, Leipzig 1912, S. 282); VIII, 3, 47 (Gemoll, S. 413).

10 Geogr. XVI, 29 (Meineke, Leipzig 1925, S. 1059).

11 Plac. Philos. IX, 17 (Leipzig 1895, II, S. 138).

12 Memorab. I, 3, 8 (Hude, Leipzig 1934, S. 28, Z. 6f.),

es angedeutet, daß der Scherz der Komödie letztlich nur wie ein Tanz um die Wahrheit ist:

Laß sonder Fehl den Tag hindurch
mich spielen, tanzen, singen,
mich sagen auch viel Spaßiges,
mich sagen auch viel Ernstliches.
Und wenn ich würdig Deines Fests
gespielet hab, gespottet hab,
den Siegeskranz mich schmücken[13].

Der Spötter *Lukian* hat es auch gewußt, daß sich hinter dem Humor des griechischen Theaters mehr Wissen verbirgt (und enthüllt), als es die vordergründige Eleganz der Mimik und der Geste vermuten ließ. «Ich bin dir immer viel gescheiter und mit einem gut Teil mehr Lebenskenntnis aus dem Theater heimgekommen», sagt er seinem bieder ernsthaften Gegner in der Schrift über den Tanz[14]. Und er fühlt sich erinnert an einen Vers aus Homer (wir haben davon an anderer Stelle genauer gesprochen)[15], wo die Sirenen dem vorbeisegelnden Odysseus das aus Heiterkeit geborene tiefere Wissen versprechen «Fröhlich geht er hinweg und Tieferes wissend»:

... *τερψάμενος νεῖται καὶ πλείονα εἰδώς*[16].

Darin liegt die unaufhebbare Dialektik dieser «fröhlichen Wissenschaft», daß gerade das Tiefste am Ernst nicht ganz erkannt werden kann ohne den Gegensatz des Heiteren, ja geradezu des Lächerlichen. *Platon* hat uns das schon gelehrt: «Denn ohne Erkenntnis des Lächerlichen ist es nicht möglich, das Ernste wirklich zu verstehen. Wie sich überhaupt, wenn man es bis zur vollen Erkenntnis bringen will, bei Gegensätzen das eine Glied nicht ohne das

13 Frösche, Verse 384ff. (Bergk, Leipzig 1923, II, S. 187).
14 Über den Tanz, 4 (Jacobitz II, S. 145).
15 Griechische Mythen in christlicher Deutung, Zürich 1945, S. 416ff.
16 Odysse XII, 188.

andere erfassen läßt[17].» So ist denn alles Spiel nur Einübung auf den Ernst hin – Aristoteles lehrt das, wenn auch etwas enger als Platon[18], und Huizinga hat darum in seinem Homo ludens fast mehr vom Ernst als vom Spiel gesprochen. Aber es gilt ebenso auch umgekehrt: der Mensch, der die Transzendenz alles Geschaffenen zu Gott hin erfaßt hat, nimmt auch die ernstesten Dinge nicht verfälschend ernst, er weiß – mit einem schmerzlichen Lächeln oft und weiser Bescheidung – daß auch die größten Taten des Menschen nur wie ein Kinderspiel sind, verglichen mit dem, was wir ersehnen, oder mit dem, was in Gott ist. Er ist in all seinem Denken, Grübeln, Gestalten ein Nachahmer jenes Logos, der als Weisheit «mitmodelt und mitmalt», spielend auf dem Erdkreis. So hat *Platon* einmal einen seiner tiefsten Dialoge, den Phaidros, ein *παίγνιον*, ein Kinderspiel genannt, denn «für seinen Blick, der so weit über das menschliche Getriebe in die Fernen reichte, lag Scherz und Ernst doch nahe und nicht immer unterscheidbar beieinander»[19]. Im gleichen Sinne kann er in den Gesetzen die ganze, ach so ernsthafte politische Betätigung der weisen Alten von Athen ein «verständiges Kinderspiel (*παιδιὰ λογική*) von Greisen»[20] nennen, eine Art von unermüdlicher Bastelei an dem höchst erreichbaren Ideal des Staatswohles, so wie ein nie ganz mit dem Werk zufriedener Künstler «spielend» immer wieder neu beginnt und probt. Darum sagen die sieben Weisen in *Plutarchs* Gastmahl ihre Wahrheiten lachend, und wenn einer von den allzu ernsthaft hohen Philologen unserer Tage[21] diese Schrift albern fand, so bemerkt dagegen *Rademacher* mit scherzender Weisheit: «So mochte ein Mann empfinden, dessen Seele auf den Höhen eines Pindar, Aischylos, Platon seine Heimat hatte. Es gibt ein Pathos, dem Lachen fremd, ja widerwärtig ist. Doch, darf es nicht

17 Leges 816D.
18 *Aristoteles*, Politeia 1337B. – *Platon*, Leges 643 C, 794A.
19 *Radermacher*, Weinen und Lachen, S. 96.
20 Leges 769A.
21 So U. *von Wilamowitz*: Hermes 25, S. 196, Anm.

eine Überwindung des Pathos geben, welche das Dasein im Gegensätzlichen begreift und auch dem Ernste in seinem Gegenteil gebietet?[22]»

E. R. *Curtius* hat in einem schönen Aufsatz von diesem humanen Ideal des ernstheiteren Menschen gesprochen[23]. Es weist uns hin auf einen Text aus den Briefen des jüngeren *Plinius*, in dem diese stoisch sich bescheidende und dennoch zu höheren Geheimnissen hin offene Ausgeglichenheit eines Weisen römischer Prägung sich ausspricht: «Wie im Leben, so halte ich es auch in meinen Studien für das Schönste und Menschlichste (humanissimum), mit dem Ernst eine freundliche Heiterkeit (comitas) zu mischen, damit der Ernst nicht ausarte zu Traurigkeit und der Scherz in zügelloses Wesen. Von diesem Grundsatz geleitet, unterbreche ich ab und zu die ernsten Werke mit Spiel und Frohsinn[24].» Und *Aelius Spartianus* zeichnet den Charakter des Kaisers Hadrian mit Worten, die in ihrer dialektischen Prägnanz ein fast klassisches Beispiel sind für die Seelenhaltung, die wir mit homo ludens bezeichnen, für diese schwebende Mitte des Ernstheiteren: der Kaiser sei gewesen «severus comis, gravis lascivus, simulator simplex, et semper in omnibus varius», «ein strengfröhlicher, ein ernstlustiger, ein schlaueinfältiger Mensch, und einer, der allezeit in allem nie nur das Gleiche war»[25].

Hierin wird indessen auch die Gefahr einer solchen Haltung greifbar. Mit sicherem Instinkt wird nur jener Mensch diese ausgeglichene Geste des echt Spielenden treffen, der um die genaue Mitte zwischen Erde und Himmel weiß: der also die Erde nicht kynisch verachtet oder epikuräisch umgiert, der aber auch so um das Göttliche besorgt ist, daß er es mitten in den Erdendingen zu finden vermag. Mit anderen Worten: die wahre Heiterkeit eines spielenden Menschen, dem Ernst und Scherz Geschwister

22 *Radermacher*, Weinen und Lachen, S. 78.
23 Romanische Forschungen, 53 (1939), S. 1 ff.
24 Epistolae VIII, 21, 1 (Kukula, Leipzig 1912, S. 23).
25 Vita Hadriani XIV, 11 (Peter, Leipzig 1884, S. 16).

sind, ist ein religiöses Problem, kann nur gelebt werden von einem irdisch-himmlischen Menschen. Kierkegaard[26] hat dies klassisch beschrieben, und ein Philosoph, der von seinem Geist berührt ist, hat neuerdings gesagt: «Der innerste Wesenskern des Humors liegt, so ketzerisch das klingen mag, in der Kraft der religiösen Haltung. Denn der Humor sieht das Irdische und Menschliche in seiner Unzulänglichkeit zu Gott[27].» Darum ist hier der Ort, wo wir ein paar Gedanken über das christliche Ideal eines ernstheiteren Menschen anfügen dürfen. Denn es will uns scheinen, als sei erst durch den Glauben an die wahre Menschwerdung Gottes überhaupt die Möglichkeit gegeben, jene «heitere Sicherheit und Freiheit» zu gewinnen, ohne die (wie oben gesagt wurde) ein gelöstes Spiel nicht möglich ist. Theodor *Haecker* hat darum recht, wenn er schrieb, dieser Humor sei der reale menschliche Hintergrund der christlich-europäischen Kultur[28]. Und so waren es denn die christlichen Heiligen, die uns ein von aller heimlichen Tragik freies «Kinderspiel vor Gott» vorführten, von den scheinbar so grimmig ernsten Vätern der ägyptischen Thebais bis zu dem Charme des François de Sales, der den Ausspruch tat: «Ein Heiliger, der traurig ist, ist ein trauriger Heiliger[29].» E. R. *Curtius* hat in dem bereits genannten Aufsatz unter dem Titel «Die Kirche und das Lachen» eine Reihe von Zeugnissen gesammelt, die uns das antike Ideal des ernstfröhlichen Menschen in christlicher Verklärung zeigen. Man lese etwa in der berühmten Antoniusvita des *Athanasius* das 73. Kapitel, wo von der fast himmlischen Heiterkeit dieses Vaters der Askese berichtet wird: *τὸν δὲ λόγον εἶχεν ἠρτυμένον τῷ θείῳ ἅλατι;* «seine Rede war gewürzt mit göttlichem

26 Gesammelte Werke VIII, S. 151.

27 Ph. *Lersch*, Die Philosophie des Humors, zitiert bei E. *Ortmann* (vgl. Anm. 51), S. 163. – Vgl. auch H. S. *Braun*, Vom Humor des Christen. Ein Kapitel über frohe und unfrohe Frömmigkeit, Paderborn 1940.

28 Wiederbegegnungen von Kirche und Kultur in Deutschland, S. 165.

29 Zitiert bei M. *Müller*, Frohe Gottesliebe. Das religiös-sittliche Ideal des hl. Franz von Sales, Freiburg 1933, S. 104.

Salz[30].» Genau das Gleiche erzählt uns *Sulpicius Severus* von dem Vater der westlichen Mönche, Martinus von Tours, und teilt uns ein paar Scherze dieses Heiligen mit, die «spiritualiter salsa» waren[31]. Lange noch lebte dieses aus antikem Humanismus und christlichem Erlösungsgefühl gebildete Ideal eines ernstheiteren Menschen weiter. *Hugo* von Sankt Viktor meinte, das Ernste schmecke uns besser, wenn es hier und dort mit anmutigem Spott gewürzt sei[32]. Und der Engländer *Johannes von Salisbury* schrieb in seinem Polycraticus: «Angenehm ist es und eines ehrenwerten Mannes keineswegs unwürdig, wenn er ab und zu sich schmeidigen läßt von einer gehaltenen Heiterkeit (modesta hilaritate)[33].» Oder hören wir noch den hübschen Vers des Franzosen *Hildebert* von Le Mans:

admittenda tibi ioca sunt post seria quaedam
sed tamen et dignis ipsa gerenda modis.

Mitten in allen Ernst gestatte dir einige Scherze,
freilich nur dann, wenn auch sie würdig bleiben
und ernst[34].

Ist doch das Lächeln einfachhin das Zeichen der Weisheit, wie schon die griechischen Kirchenväter wußten[35]; ja *Origenes* überspitzt diese christliche Gelassenheit einmal zu dem Gedanken, daß der wahrhaft weise Mensch wie ein Kind sei, das sogar an der Bahre der Eltern noch lächelt und spielt[36]. Und ein Theologe des Mittelalters stellt sich die Frage, ob denn wohl auch Christus gelacht habe,

30 Vita Antonii 73 (PG 26, 945 AB). Über den Humor der Wüstenmönche vgl. auch K. *Heussi*, Der Ursprung des Mönchtums, Tübingen 1936, S. 246ff.

31 Dialogi II, 10 (CSEL 1, S. 191f.).

32 Zitiert bei *Curtius*, a.a.O., S. 8.

33 Polycraticus I, 8 (PL 199, 406C).

34 PL 171, 1060 C.

35 *Methodius von Philippi*, De lepra 13, 5 (GCS, S. 468, Z. 9–15).

36 Matthäuskommentar XIII. 16 (GCS X, S. 220). – Vgl. W. *Völker*, Das Vollkommenheitsideal des Origenes, Tübingen 1931, S. 55.

da er doch alles Menschliche annahm, zur Wesensnatur des Menschen es aber gehöre, lachen zu können[37]. So hat es denn, meinen wir, unter den wahrhaft großen Christen immer auch «ioculatores Domini» gegeben, die noch größer waren, noch ernstheiterer, weil weltgelöster und weltliebender als der ioculator Basilensis, von dem das «Glasperlenspiel» uns erzählt.

Diese Heiterkeit des Spiels ist indessen nur immer die eine Seite: je nach seelischer Struktur und je nach der schmerzlichen Erfahrung des Lebens wird der spielende Mensch immer auch zurückkehren zu jener leisen Melancholie, die wir schon bei Platon verspürten. Das Leben selbst ist ein Spiel, das uns oft böse «mitspielt». Ja wir empfinden dieses Ausgeliefertsein an die scheinbar boshaften Zufälle unserer Verflochtenheit ins materiell Irdische als unserer Geistnatur ungemäß, oft unwürdig. Je mehr der Mensch des Geistes erfaßt, daß nur Gott «alles seligen Ernstes würdig ist» (um noch einmal mit Platon zu sprechen), um so mehr fühlt er sich hienieden noch in ein Spielwerk eingebannt, das es wohl würdig zu ertragen gilt – die «Rolle» des Erdenlebens muß zu Ende gespielt werden – das aber durchschaut werden muß in seiner flüchtigen, kulissenartigen Vorläufigkeit. *Plotin* hat dies in einem der schönsten Texte seiner ganzen Spielmystik zum Ausdruck gebracht, wo er alles Irdische, Politik, Eroberungen, Mord, Totschlag und was immer die sogenannte Geschichte bildet, anschaut als ein einziges Theaterspiel: «Alles ist nur Umstellen der Kulisse, Wechsel der Szene, geschauspielerte Tränen und gemimtes Wehklagen». Der Mensch aber, der nicht im Göttlichen ruht, verwechselt dieses Spiel mit dem Ernst – oder er gerät in eine spielerische Verzweiflung. Hier spricht gewiß der unbändige Spiritualismus der Neuplatoniker mit, aber zugleich eine tiefe Erfahrung der melancholischen Weltkenntnis: «Nicht die Seele, nur der äußere Schatten des Menschen führt dieses Spiel auf. Der Mensch, der nur in der niede-

[37] *Petrus Cantor*, Verbum abbreviatum 67 (PL 205, 203 CD).

ren, der äußeren Welt zu leben versteht, merkt gar nicht, daß er auch in ernstgemeinten Tränen nur am Spielen ist. Denn allein mit dem ernsten und edlen Menschenteil darf man bei ernstem Werk ernsthaft sich mühen; was sonst am Menschen ist, ist eitel Spielwerk. Diejenigen aber, welche nicht ernst zu sein verstehen, sind auch beim Spielwerk ernst, da sie selber nichts sind als eitel Spielwerk. Und mag auch Sokrates einmal spielen – er spielt nur mit dem äußeren Sokrates[38].» An diesem tiefsinnigen Wort wird uns deutlich, daß der homo vere ludens immer nur ein Mensch des jenseitigen Ernstes sein kann, also nicht ein Verspielter und nicht ein Verzweifelter. Genau so, wie es einmal *Hölderlin* den idyllisch verspielten Dichtern zuschreit: «Immer spielt ihr und scherzt? Ihr müßt! O Freunde, mir geht dies in die Seele: denn dies müssen Verzweifelte nur[39].» Der Mensch aber in der genauen Mitte zwischen Himmel und Erde, der wahre Gnostiker, der Christ, kann nun sein ganzes Leben und alles Geschehen der Welt als ein einziges großes Theater auffassen (da er um die leitenden Geheimnisse hinter der Bühne weiß), ohne in Weltschmerz oder Weltgier zu verfallen: Ernst und Spiel sind ihm Geschwister in Gott. «So spielt der Gnostiker in dem Schauspiel des Lebens *(τὸ δρᾶμα τοῦ βίου)* untadelig die Rolle, die durchzuführen Gott ihm überträgt, denn er weiß, was er zu tun und was er zu ertragen hat», spricht der Alexandriner *Clemens*, stoische Weisheit christlich durchleuchtend[40]. In dieser Einsicht wurzeln die großen Kunstwerke der «Welttheater», von Calderon bis Hofmannsthal. So, wie es Fortunio im «Weißen Fächer» ausspricht:

> Ich weiß sehr wenig. Aber einen Blick
> hab ich getan ins Tiefere. Irgendwo erkannt:
> Dies Leben ist nichts als ein Schattenspiel.
> Gleit mit den Augen leicht darüber hin,

[38] Enneade III, 2, 15 (Harder V, S. 44).
[39] Hölderlins sämtliche Werke, herausg. von Fr. Seebaß, Berlin 1923, IV, S. 3.
[40] Stromata VII, 11, 65 (GCS III, S. 47, Z. 7–9).

dann ist's erträglich. Aber klammre dich
daran, und es zergeht dir in den Fingern[41].

So darf denn eigentlich nur der in Gottes Wirklichkeit eingegründete Mensch dieses Erdenleben ein Spiel und eine Schattenfigur nennen. Denn nur ihm, dem an das schöpferische Hervorgehen eben dieser Welt aus der Seinsfülle Gottes Glaubenden, ist es gegeben, unmittelbar mit diesem Ja auch das Nein auszusprechen, das heißt, die eben liebend bejahte und als Gotteswerk umarmte Welt (sich selbst eingeschlossen) wegzuwerfen als ein müßiges Kinderspiel, um sich aufzuschwingen zu dem «seligen Ernst», der da ist Gott allein. Nur so ist jene heitere Melancholie möglich und berechtigt, in der ein Christ als wahrhaft spielender Mensch wandert zwischen Weltliebe und Weltflucht, zwischen Umarmung und Abstand. In ein paar Worten voll unnachahmlich griechischer Dialektik hat uns *Maximus*, der Deuter des gregorischen Verses vom spielenden Logos, dieses Geheimnis umformt: das vergängliche Leben des Menschen ist darum ein Spiel, weil es ist eine *ἐπίῤῥυπος καὶ εὐαλλοίωτος στάσις*, eine «immer wieder flüssig werdende und zu jeder Veränderung hingabebereite Festigkeit», oder umgekehrt eine *στάσιμος ῥεῦσις*, ein «festumgrenztes Fließen[42]». Er hat sich zu diesen Gedanken anregen lassen von jenem wundervollen Wort des Nazianzeners aus der Grabrede auf Caesarius. «Des Menschen Leben, meine Brüder, ist der vorbeihuschende Augenblick des Lebendigen, ist unser Kinderspiel auf Erden, ein Lichtschatten, ein fliegender Vogel, Spur eines fahrenden Schiffes, Staub, Nebelhauch, Morgentau und aufbrechende Blume[43]». Ja. in diesem glaubenden Wissen um die endgültige Sinnhaftigkeit dieses Theaterspiels, das unser Leben ist, kann *Augustinus* einmal geradezu von dem Possenstück des irdischen Daseins

[41] H. von Hofmannsthal, Der weiße Fächer, ein Zwischenspiel, Inselausgabe Leipzig 1907.
[42] Ambigua 262 (PG 91, 1412 B).
[43] Oratio VII, 19 (PG 35, 777 CD).

sprechen, ohne mißverstanden zu werden. Gerade die Kinder, die sich die Eltern so ersehnten, lösen ihre Erzeuger ungeduldig auf der Bühne ab, so predigt er seinen Christen. Sie kommen und rufen: «Eia, cogitate ire hinc, agamus et nos mimum nostrum»; «holla, nun denkt daran, abzutreten, jetzt wollen auch wir unsere Posse spielen!» «Ja, ein Komödienspiel ist das Leben des Menschengeschlechts, dieses Leben der Gefährdung. Denn es steht geschrieben: Jeder lebendige Mensch ist allumfassende Eitelkeit[44].»

So ist denn wirklich, wie wir sagten, das Dasein fröhlich, weil in Gott geborgen, und tragisch, weil in der Freiheit gefährdet. Darum ist der in Wahrheit spielende Mensch heiter und ernst zugleich, in Lächeln und in Tränen – oder, um nun die tiefsinnige Synthesis der christlichen Väter anzuschließen: in Fröhlichkeit und Geduld.

Die Allegorie, die wir hier aus der Vergessenheit emporheben wollen wie eine edle Perle, umkleidet mit ihren Bildern die wesentlichste Einsicht des antiken Christen vom Kinderspiel des Lebens. Um sie zu verstehen, müssen wir einen Text der Genesis lesen (26, 8). Isaak und sein Weib Rebekka sind bei einer Hungersnot ins Land der Philister zum König Abimelech gezogen. Um sein Weib zu retten, gab Isaak sie als seine Schwester aus, aber eines Tages sah der König durch das Fenster, wie Isaak mit seinem Weibe «spielte»: «Da schaute Abimelech, König der Philister, durchs Fenster und sah Isaak spielen mit Rebekka, seinem Weibe.»

Nun bedeutet «Isaak» in der allegorischen Sprache der alexandrinischen Schriftdeuter «das Lächeln» (vgl. Genesis 21,6), «Rebekka» aber bedeutet «die Geduld». *γέλως* und *ὑπομονή*, Lächeln und Geduld spielen miteinander und eben daran erkennt der König Abimelech, daß die beiden ehelich verbunden sind. An dieser, wie es scheinen mag, verkünstelten Allegorie entzünden sich indessen die köstlichen Gedanken vom göttlichen Kinderspiel des

[44] Enarrationes in Psalmos 127, 15 (PL 36, 1686).

Menschen, der immer nur dann ein homo vere ludens ist, wenn er Lächeln und Geduld vereinen kann. Es ist zuerst *Philon* von Alexandrien gewesen, der unter den Bildern dieser Allegorie seine Lehre vom Lebensspiel verbirgt: «Die wahre Weisheit ist nicht finster und düster, nicht voll Sorge und Bedenklichkeit, sondern im Gegenteil heiter und freundlich, voll Frohsinn und Freude. Durch diese Eigenschaften wurde schon mancher zu geistvollem Scherz veranlaßt – einem Scherz freilich, der mit Ernst und Würde wie mit Gegentönen auf wohlgestimmter Leier zur Harmonie einer einheitlichen Weise zusammentönt.» Hierin wird zunächst noch einmal das griechische Ideal des «ernstheiteren» Menschen ausgesprochen, im Gegensatz zu der altstoischen Strenge, die dem Weisen das Frohsein absprach. Die wahre Weisheit lächelt, eben weil sie ernst ist. Aber nun taucht vor dem Blick des jüdischen Weisen das biblische Bild jenes Spiels zwischen Lächeln und Geduld auf, dem ein König zuschaut. «Nach dem heiligen Moses ist ja das Ziel der Weisheit der Frohsinn und das Lächeln – aber nicht so, wie es die Kindischen vernunftlos treiben, sondern wie diejenigen, die schon ergraut sind, ergraut nicht an Jahren, sondern an guter Gesinnung. Da ist Isaak, dessen Name ‚Lächeln' bedeutet: ihm kommt es zu, mit der ‚Geduld', wie die Hebräer Rebekka nennen, zu scherzen. Dieses göttliche Scherzen der Seele aber darf kein gewöhnlicher Mensch sehen, sondern nur ein König, Abimelech. Dieser blickte durch das Fenster, das ins offene Licht dringende Seelenauge, und sah Isaak spielen mit Rebekka, seinem Weibe. Denn welche andere Betätigung könnte sich für den Weisen geziemen als zu spielen, vergnügt zu sein und fröhlich mit der Geduld im Guten?[45]»

Dieses Lehrstück aus der Schule des Philon wurde mehr denn hundert Jahre später von *Clemens*, dem christlichen Alexandriner, in das Mysterium des neuen Glaubens eingebaut. Der König, der dem Spiele zwischen Lächeln und

[45] De plantatione 167–170 (Cohn-Wendland, II, S. 167f.).

Geduld zuschaut, ist der Logos, die Ewige Weisheit. Die Geduld, diese helfende Gattin des Lächelns, ist die Geduld in Christus, der spielende Mensch ist der aus Gott Neugeborene. Das platonische Wort von der *παιδιά* des Lebens wird gleichsam konsekriert. So deutet Clemens denn das Wort aus der Genesis zu einem wahren Mysterium des Kinderspiels um: «Isaak wird übersetzt mit Lächeln. Diesen sah mit Rebekka seinem Weibe spielen der sich um alles kümmernde König, Abimelech war sein Name. Dieser König scheint mir die überirdische Weisheit zu sein, die das Mysterium des Kinderspiels *(τῆς παιδιᾶς τὸ μυστήριον)* erforscht. Rebekka aber übersetzt man mit Geduld.» Und hier lebt Clemens zu einem Hymnus in fast sakralem Metrum an:

ὢ τῆς φρονίμου παιδιᾶς.
γέλως δι' ὑπομονῆς βοηθούμενος
καὶ ἔφορος ὁ βασιλεύς.
ἀγαλλιᾶται τὸ πνεῦμα
τῶν ἐν Χριστῷ παιδίων
ἐν ὑπομονῇ πολιτευομένων
καὶ αὕτη ἡ θεία παιδιά.

O dieses weise Kinderspiel.
Ein Lächeln ist's, unterstützt von Geduld,
und Zuschauer ist der König.
Fröhlich ist der Geist derer,
die in Christus Kinder sind
und die wandeln in Geduld.
Ja, das ist ein göttliches Kinderspiel[46].

Der Geist dieses griechischen Christen, der die Weisheit von Hellas am Lehrstuhl Christi niederlegte, geht noch einmal zurück zu dem Urbeginn jener Ahnungen vom spielenden Gott, von denen wir eingangs sprachen. Und dann dringt er in die Zukunft, dorthin, wo der in Gott

[46] Paidagogos I, 5, 21, 3–4 (GCS I, S. 102f.).

wieder zum Kind gewordene Mensch zusammen mit der spielenden Weisheit seine Feste feiern wird, wenn er das Spiel dieses Lebens ausgespielt hat in Lächeln und Geduld. «Ein Spiel solcher Art läßt Herakleitos seinen Zeus spielen. Denn welche andere Betätigung ist für den Weisen und Vollkommenen geziemender als zu spielen – sich mitzufreuen mit der ‚Geduld' der Guten und der Ausgestaltung des Schönen, um einst zusammen mit Gott ein Fest zu feiern?[47].

[47] Ebd. I, 5, 22, 1 (I, S. 103, Z. 6–9).

III
DIE SPIELENDE KIRCHE

Was wir bis jetzt gesprochen haben vom spielenden Gott und vom spielenden Menschen, kann nun noch in einer ungeahnten Weise fortgeführt werden in die dunklen Tiefen der christlichen Offenbarung hinein. Denn der Gott der Schöpfung, dessen Werk wir ein «Spiel» nennen durften, weil es sinnvoll und unnotwendig ist, hat sich noch in einer alle Schöpfung wesenhaft übersteigenden Weise an sein Menschgeschöpf hingegeben, ja ausgeliefert: in der Menschwerdung, und damit in dem aus freiester Liebe entquellenden Werk, das wir Kirche, Gnade, Gottschau nennen. Und da es sich hierin um ein für den geschaffenen, wenngleich begnadeten Geist niemals zu errechnendes, um ein niemandem geschuldetes, aus der göttlichen Genialität der Liebe entströmendes Schenken handelt, dem der Mensch als Gotteskind in ebenso freier und unberechneter Liebe antwortet, so dürfen wir mit den erlauchten Geistern der Mystik auch dieses gottmenschliche Geschehen ein «Spiel» nennen – ja mit einem tieferen Grund als das Werk der Schöpfung, denn im Spiel der Gnade ist Gott in Christus geradezu Spielpartner geworden. Und wenn dieses Gnadenspiel zu Ende geht, wenn alles aufhört, Glaube, Hoffnung, Gesetz, Sakrament: dann beginnt das göttliche Kinderspiel der ewigen Schau, das *συμπανηγυρίζειν τῷ θεῷ*, wie es eben *Clemens* nannte, die große Panegyris mit Gott, das Festspiel im Himmel.

Behutsam, aber mit der Freude eines Perlentauchers, versuchen wir nun, aus den von der heutigen Theologie (die so professoral ernst sein kann) vergessenen Schätzen einige ins Licht hinaufzuheben.

Die neue Beziehung, in die der dreifaltige Gott durch die Menschwerdung des Wortes mit dem Menschengeschöpf trat, ist aller Mysterien Inbegriff und übersteigt so sehr alle Philosophie, daß man von ihr nur immer sprechen kann in den dialektischen Begriffen einer negativen Theologie. Der Bekenner *Maximus* hat dies eben in seiner großen Abhandlung über das Spiel des Logos ausgeführt. Wo Gott selbst als Mensch in unsere scheinbar so geschlossene Spielordnung einbricht, versagen alle unsere Worte. Da können wir nur noch mit Paulus sprechen von der «Torheit» und der «Schwäche» Gottes oder mit dem großen Lehrer Gregor vom «Spiel» Gottes, wissend, daß auch diese Versuche ebensowenig an die ganze Wahrheit heranreichen, als wie wenn wir sprächen von Gottes «Weisheit» und «Kraft» und «Ernst». Und so kann er sagen: «Dieses Kinderspiel, von dem Gregor spricht, ist das Mysterium der göttlichen Menschwerdung. Und es übersteigt so sehr jegliche Naturordnung auf übernatürliche Weise *(ὑπερουσίως)*, daß im Vorausblick dessen der Prophet David sagen konnte (Ps 65, 3): ‚Vor der Gewalt deiner Kraft müssen deine Feinde lügen'[1]. Das heißt, vor der Gewalt dieses Mysteriums zerbrechen alle unsere positiven Aussagen, wir nehmen unsere Zuflucht gleichsam zu «Lügen», zu jenen Worten und Bildern, die uns ob ihrer Torheit geeigneter erscheinen, die Überfülle der göttlichen Weisheit auszusprechen. Das aber tun wir, wenn wir nun sprechen vom «Kinderspiel» der mit der Menschwerdung beginnenden Gnadenordnung.

Die Vereinigung des Logos mit der Menschnatur im Schoß einer Jungfrau ist ein hochzeitliches Mysterium. Mutterschoß ist Brautgemach. Davon sind des *Augustinus* Werke voll – um nur einen zu nennen[2]. Christus ist der Mann, die Menschennatur das Weib: und nun beginnt zwischen ihnen das wundersame Spiel der Liebe, durch welches die Frau geformt, gehegt und erlöst wird, um aus ihr die Braut zu gestalten, die da heißt: Ecclesia sancta. Aus diesem Grundgedanken aller theologischen Symbolik heraus wird es verständlich, wie *Clemens* der Alexandriner seine Allegorie von Isaak und Rebekka nun auch weiterführen kann, über das Personale des «spielenden Menschen» hinaus, zur Theologie von der spielenden Kirche.

[1] Ambigua 262 (PG 91, 1409 B–D).

[2] Confessiones IV, 12 (CSEL 33, S. 79, Z. 7–9). Enarrationes in Psalmos 18, 6 (PL 36, 161).

Diese Ecclesia ist ja die eigentliche Eva, die «Gehilfin» des Adam. Sie ist die Rebekka, die da heißt «Geduld», und wenn sich ihr verbindet der Logos, der da ist Isaak der «Lächelnde»: dann beginnt das mystische Kinderspiel der Erlösung. «Es ist aber auch möglich», so fährt nämlich Clemens nach den uns schon bekannten Darlegungen fort, «diese von der Weisheit (in Genesis 26, 8) gegebene Andeutung anders auszulegen: indem wir uns über unser Heil freuen und darüber lächeln wie Isaak. Es lachte aber jener, weil er vom Tode errettet ward, und er ,spielte' und freute sich mit seiner Braut, die da bei unserem Heil die ,Gehilfin' ist, mit der Kirche. Ihr ist ja ein unveränderlicher Name gegeben, sie heißt nämlich ,Geduld'. Und dies, weil sie allein, allezeit sich freuend, in Ewigkeit bestehen bleiben wird; oder, weil sie aus der Geduld der Gläubigen besteht, die wir Glieder Christi sind. Und das Glaubenszeugnis derer, die bis zum Ende in Geduld ausharren und die dankbare Freude über die Kirche: eben das ist das mystische Kinderspiel *(μυστικὴ παιδιά)*[3].» *Augustinus* hat uns, angeregt vom gleichen Text, eine ebenso tiefsinnige Überlegung vom Kinderspiel der Kirche hinterlassen: «Was sollte denn eigentlich mit Bezug auf das Mysterium zwischen Christus und der Kirche gesagt werden, wenn ein so großer Patriarch (Isaak) mit seinem Eheweib ,spielt' und eben daran erkannt wurde, daß sie hochzeitlich verbunden waren? Wahrlich, das erkennt nur, wer das allegorische Geheimnis jenes Mannes in den Heiligen Schriften liebend erwägt. Er findet dann, daß der wahre Isaak seine Majestät, in der er als Gottnatur dem Vater gleich ist, für eine Zeitlang verborgen hat unter der Hülle des Knechtes: denn nur so konnte ihn die menschliche Schwäche aufnehmen und so wollte er sich seinem Eheweib gleichsam anpassen. Was also ist unverständlich daran, ja umgekehrt, was ist daran nicht wundersam geeignet, das Zukünftige vorauszubildern, wenn Isaak, dieser Prophet Gottes, ein sinnenhaft sichtbares Spiel begann, um sich die Liebe des

[3] Paidagogos I, 5, 22, 1 (GCS I, S. 103, Z. 9–17).

Eheweibes zu gewinnen – da das Wort Gottes selbst Fleisch angenommen hat, um unter uns zu wohnen?[4]»

Es gibt noch einen anderen Text aus dem Alten Testament, der die Väter dazu anregte, von der spielenden Kirche zu sprechen. Beim Propheten Zacharias 8,5 heißt es in einer Schau auf das kommende messianische Heil und seinen Frieden: «Und die Straßen der Stadt Jerusalem werden erfüllt sein von Knaben und Mägdlein, die da spielen auf ihren Straßen.» Dieser Friede einer erlösten Kindlichkeit beginnt sich aber schon in der Kirche, dieser wahren Civitas Dei, zu erfüllen. Und so deutet denn *Cyrillus* von Alexandrien diesen Text mit den Worten: «Knaben oder gar Unmündige, kleine Mädchen – das ist die große Schar derer, die nichts sind als Kindlein (*νηπιωτάτη πληθύς*), das heißt derer, die eben erst den Glauben umfangen haben. Sie sind's, die mit ihren gleichsam pneumatischen Tanzsprüngen diese Stadt so schön machen, ich meine diese Stadt, die Kirche. Und auf sie dürfen wir wohl jenes Schriftwort anwenden: ‚Kommt laßt uns jubeln vor Gott unserem Heil'[5].» Glaube und Erlösungsfreude des getauften Christen, des aus Gott geborenen ewigen Kindes, ist also ein wahres Kinderspiel, und die Kirche wird schön von den Tanzschritten, deren Rhythmus das heilige Pneuma angibt. Auch *Hieronymus* legt den prophetischen Text aus Zacharias ähnlich aus: «Die Straßen werden erfüllt sein von Knaben und Mägdlein, die spielen. Das aber geschieht nur dann, wenn die Städte einer Sicherheit und eines tiefen Friedens genießen: denn dann feiert auch das ungebundene Jugendalter die Freude des Staates mit in Spielen und Tanzreigen. Dies aber dürfen wir anwenden auf die Kirche, von der ja geschrieben steht: ‚Glorreiches wird gesagt von dir, du Stadt Gottes' (Ps 86,3). In ihr schafft sich die Freude des Geistes einen Ausdruck in der Geste des Körpers, und ihre Kinder werden im Tanzschritt des Dreitakts (tripudiante saltatu) mit David spre-

[4] Contra Faustum Manichaeum XXII, 46 (CSEL 25, S. 638f.).

[5] Commentarius in Zachariam 40 (PG 72, 113B).

chen: ‚Tanzen will ich und spielen vor dem Antlitz des Herrn‘[6].» Diese dichterisch und theologisch gleich tiefsinnige Vision der spielenden Kirche als der Vereinigung aller in Christus fröhlich Gewordenen taucht noch einmal vor dem Geist eines Mannes auf, der für solche Bildgewalt ein hohes Gefühl besaß. Es ist *Notker*, der stammelnde Mönch aus Sankt Gallen, der in einer der köstlichen Sequenzen auf die Osternacht, auf diese Frühlingsfeier der Kirche, sang:

Ecce sub vite
amoena, Christe,
ludet in pace
omnis Ecclesia
tute in horto[7].

Sieh, unter dem lieben
Weinstock, o Christus,
spielt voller Frieden
behütet im Garten
die heilige Kirche.

Wir können diese mystische Theologie von der spielenden Kirche noch vertiefen mit einem Gedanken, der sich unmittelbar aus dem Geheimnis der Menschwerdung Gottes ergibt, und den uns Hieronymus eben angedeutet hat in einem Wort, das wir geradezu als Motto über alles schreiben möchten: «In der Kirche schafft sich die Freude des Geistes einen Ausdruck in der Geste des Körpers.» Es ist ja, mögen wir zur Tatsache und zum Anspruch der katholischen Kirche stehen wie immer, eines der fundamentalsten Ereignisse in der Geschichte des Geistes und der Menschenkultur, daß diese Kirche, immer schöpfend aus dem Glauben an die Erscheinung des Göttlichen im Fleische, die Einheit zwischen Geist und Körper, zwi-

6 In Zachariam II, 8 (PL 25, 1465 B).
7 Analecta Hymnica 53, Leipzig 1911, S. 96. – Vgl. H. *Rahner*, Mater Ecclesia, Einsiedeln 1944, S. 69 und 142.

schen Idee und Symbol, zwischen Unsichtbarem und Sichtbarem unzerrissen bewahrt hat. Ihr ist alles Irdische ein Mysterium geblieben, sie lehrt uns, durch die sichtbaren Dinge, Sonne, Mond, Wasser, Wein und Öl, durch die vordergründige Geschichte hindurchzuschauen auf das von Gott Gemeinte, auf das Bleibende. Sie ist ein einziges Sakramentum. Der Einbruch des Göttlichen, der sich vollzieht im gesprochenen Wort der Schrift und, am Ende der Zeiten, im Logos selbst, ist ihr ein immer neu greifbares Geschehen, eine von Gott selbst gesprochene Parabel, im Vordergrund hörbar und betastbar, im Hintergrund voll der unaussprechlichen Geheimnisse. Und eben darum kann sie alles Sichtbare als ein unaufhörliches Spiel Gottes betrachten, als eine «Geste des Körpers», in der sich immerdar ausdrückt die Freude des Heiligen Geistes. Das hat schon *Philon* geahnt, als er von den in der israelitischen Geschichte gewirkten Wundern Gottes sprach: «Wer dies nicht glaubt, der weiß ja nichts von Gott, der hat noch nie nach ihm geforscht. Denn sonst hätte er erkannt und tief begriffen, daß all diese Paradoxe (*παράδοξα*) und Torheiten (*παράλογα*) nur Gottes Spielzeuge (*θεοῦ παίγνια*) sind. Dazu brauchte er nur die großen und allen Ernstes würdigen Werke Gottes zu betrachten, Himmel, Sterne und Erde[8].» Der offenbarende Gott weist sich aus im gleichsam Paralogischen des Wunders und der Torheit. Das eben ist sein Spiel. Und alles, was wir da mit den Augen sehen, ist eine Parabel, die das höhere Gemeinte umhüllt und enthüllt. Darum sagt *Eusebius* einmal, das Wunder des reichen Fischfangs sei Vorbild und Andeutung des Kommenden: «Dies alles ist nur ein Kinderspiel und ein Bild des Zukünftigen[9].» Das gilt nun aber auch für die irdische Gestalt der Kirche selbst, für ihre Sakramente als sichtbare Zeichen der unsichtbaren Gnade, für ihr liturgisches Spiel. Was sich da bei der Taufe begibt in der geheimnisvollen Geburt aus Wasser und Geist,

[8] Vita Moysis I, 38, 212 (Cohn-Wendland IV, S. 171, Z. 6–10).
[9] Syrische Theophanie IV, 6 (GCS III, 2, S. 172, Z. 31f.).

sagt einmal *Beda*, das ist ein Mysterium, das nur der Glaube kennt, von außen gesehen ist alles nur Bild und Spiel. «Sola haec Ecclesia Mater, quae generat, novit. Caeterum oculis inspicientium videtur exire de fonte qualis intraverit, totumque ludus esse videtur, quod agitur»: «Nur die Mutter Kirche selbst, die da gebiert, weiß, was geschieht. Für die Augen der Zuschauenden geht ein solcher genau so aus dem Taufbrunnen hervor, wie er hineinstieg, und das ganze Geschehen scheint nur ein Spiel zu sein[10].» Hier liegt die theologische Begründung verborgen für das, was uns R. *Guardini* von der Liturgie als göttlichem Spiel gelehrt hat[11]. Immer wird diese Kirche des menschgewordenen Logos ihr tiefstes Geheimnis einhüllen in die Fülle der schönen Gesten, der gemessenen Schritte und der edlen Gewänder. Immer wird sie die «spielende Kirche» sein. Denn sie nimmt das Fleisch, den Menschen, göttlich ernst.

Von da aus gewinnen wir nun auch den Einstieg in ein Lehrstück, das in der Dogmatik der Schule nicht eben beheimatet ist, aber um so eifriger gepflegt wurde in den heimlichen Zellen der Mystiker: in die Lehre vom göttlichen Spiel der Gnadenwahl. Der christliche Mystiker (und nur von ihm sprechen wir hier) ist ein Mensch, der durch die sichtbaren Dinge hindurchschaut auf das Unaussprechliche. Wenn er auf das Kreuz seines Herrn blickt, dann eröffnen sich ihm hinter der qualvollen Torheit des Sichtbaren die lichten Weiten der Geborgenheit in Gottes Gnade und Erlösung, dann beginnt zwischen seinem Seelengrund und dem Herzen Gottes jenes commercium admirable, das er empfindet als das «Spielen der Gnade». So, wie es *Beda* in einem seiner Gedichte auf das heilige Kreuz sang:

En ludus est credentium
tuis frui amplexibus
quae tanta gignis gaudia
pandis polique ianuas[12].

[10] Homilie 12 (PL 94, 198D).
[11] Vom Geist der Liturgie, Freiburg 1922, S. 56–70: Liturgie als Spiel.
[12] Analecta Hymnica 50, Leipzig 1907, S. 112. – PL 94, 633.

Ein Spielen ist's dem Glaubenden,
umarmt zu sein von deiner Lust,
denn du gebierst der Freuden viel
und reißest auf des Himmels Tor.

Diese Begnadigung empfindet der Mystiker als ein göttliches Spiel, weil sie gefühlt wird als ein Aufreißen aller Tore, als ein völlig unberechenbares Hineingerissenwerden in die Umarmung der Liebe. Es wiederholt sich darin im tiefsten Seelengrund, was sich einst begab in den Tiefen der dreifaltigen Gottheit, wo das Spiel der Menschwerdung begann in dem aus grundloser Liebe gefaßten Entschluß der Erlösung. Die kühne *Mechtild* von Magdeburg wagte es, dies so auszusprechen: «Da spielte der Heilige Geist dem Vater ein Spiel mit großer Milde und sprach: Herr, lieber Vater, wir wollen nicht länger unfruchtbar sein[13].» Darum erfährt der mystische Mensch seine Hingabe an die Gnade als ein Untertauchen in die Flut einer ganz neuen Freiheit, als den Beginn einer kindlichen Ungebundenheit, als Auslieferung an eine grenzenlose Liebe. So bittet Mechtild die Menschheit des Herrn, ihr «aufzuschließen die spielende Flut, die in der Dreifaltigkeit schwebt und wovon allein die Seele lebt»[14]. Und Gott spricht zu ihr:

Meine Seligkeit wird die Seele wohl fühlen,
wenn sie nur recht einfach still
sich in meinen göttlichen Arm legen will,
so, daß ich muß mit ihr spielen[15].

Und zu der Nonne Altheit von Trochau spricht Christus: «Ich will dir eine große Gestalt geben und du würdest auch die gewaltigste Priorin werden, die je in diesem Kloster war, und auch die seligste. Aber ich kann dann meiner

[13] III, 9 (Zitiert nach dem Text bei Gall *Morel*, Die Offenbarungen der Mechtild von Magdeburg, Regensburg 1869, S. 111).
[14] IV, 12 (Morel, S.175).
[15] V, 25 (Morel, S. 278).

Gnade Spiel nicht mehr mit dir spielen, wie ich's sonst täte. Nun wähle, was du willst.» Und Altheit sprach: «Mein Herre, ich kann deiner Gnaden nicht entbehren[16].»

Warum darf der Mystiker so vom Spiel der Gnade sprechen? Er rührt hier an das tiefste theologische Geheimnis der Gnadenwahl: aus Erfahrung wissend, daß Gott seine Liebe souverän und seit Ewigkeit vorherbestimmend schenkt, ohne die geistige Freiheit seines Geschöpfes zu überwältigen, unberechenbar und dennoch unendlich sinnvoll; er weiß darum, daß er sich nur einfach in diesen Abgrund stürzen darf, ohne sich selbst zu verlieren, daß er kindlich sein darf und töricht. Denn die Grundregel dieses göttlichen Spiels der Gnade lautet: «Wer verliert, gewinnt» – so schrieb es der spanische Mystiker und Laienbruder *Alonso Rodriguez* S. J. in seinem kindlich tiefsinniben Traktat über «Gottes Spiele mit der Seele» auf[17]. Was sich vordergründig als Geschick, als Leid, oder christlich gesprochen als Teilnahme an der scheinbar sinnlosen Kreuzvernichtung darstellt, ist für den durch alle Hüllen blickenden Mystiker das wundersam erdachte Spiel einer ewigen Liebe, so vielfältig und sorgfältig erdacht, wie es nur die Liebe kann. «Gottes Spiel ist in den verschiedenen Menschen verschieden», sagt der Mystiker *Venturino da Bergamo*[18]. Es ist darum nicht bloß ein niedlicher Gedanke einer kleinen Nonne, wenn Therese von Lisieux sich wünscht, einfach ein Spielzeug, ein Kinderball des Jesuskinds zu sein, «ein kleiner Ball ohne Wert, den die Kinder zu Boden werfen oder in einem Winkel liegenlassen, und den man ebensogut ans Herz drücken kann, wenn's einem gefällt»[19].Hier spricht im Gegenteil eine fundamentale,

16 Die Nonne von Engeltal, Büchlein von der Gnaden Überlast, herausgegeben von M. *Weinhandl*, München 1921, S. 278f.

17 Die Vereinigung der Seele mit Jesus Christus. Geistliche Abhandlungen (herausgegeben von Max Herzog zu Sachsen), Freiburg 1907, S. 234–253: Gottes Spiele mit der Seele.

18 W. *Oehl*, Deutsche Mystikerbriefe des Mittelalters, München 1931, S. 293.

19 Geschichte einer Seele (herausgegeben von Otto Karrer, Lugano 1948, S. 89f.). Vgl. den gleichen Gedanken eines Mystikers unserer Tage bei H. S. *Braun*, Der namenlose Gott, München 1938, S. 71–84.

einfach evangelische Einsicht in das Wesen der Gnade mit: auf dieser höchsten Ebene des Menschentums, im Bereich des Heiligen, wiederholt sich noch einmal die Einheit zwischen Ernst und Spiel, von der schon Platon etwas geahnt hat: alles zu tun und sich doch für nichts zu erachten, gemäß jenem Wort des Herrn: «Und wenn ihr alles getan habt, was vorgeschrieben war, dann saget: Unnütze Knechte sind wir» (Lk 17, 10). Auf einen hochgebildeten Denker des chinesischen Ostens hat gerade diese Mystik des Gnadenspiels, wie er sie bei Therese von Lisieux las, einen tiefen Eindruck gemacht, und er schrieb: «Wie Shakespeare und Lao-Tsu ist auch Therese so feinsinnig und schlicht, daß sie zurückkommt zur Naivität, denn sie kennt den Wert des Törichtseins[20].» Und Walter *Nigg* hat recht, wenn er von diesem Wunsch, ein Spielzeug Gottes zu sein, sagte, er «verrate eine Musik des Herzens, über die nur eine Heilige verfügt»[21]. Der tiefste Ernst des christlichen Menschenideals birgt sich darin, daß der Glaubende und Liebende «spielen» kann: denn nur der in Gott geborgene ist heiter. Kein Wort aus den verborgenen Schätzen dieser wundersamen Anthropologie des spielenden Menschen wüßte ich, das schärfer und schöner das letzte Geheimnis des christlichen *σπουδογέλοιος* ausgesprochen hätte, als jenes Apophthegma eines östlichen Mönches: «Den Schlaf der Nacht verkürzen und die Stunden des Tages auskaufen und sich selbst nicht schonen, und dann begreifen, all das ist Scherz – ja das ist Ernst[22].»

Nun gilt es noch ein letztes Wort anzufügen: denn Kirche und Gnade sind nur wie ein irdisches Vorspiel zu jenem Ende, das den ewigen Anfang bildet, zur seligen Schau Gottes. Vor«spiel» – denn alles Diesseitige ist nur wie ein Kinderspiel, so ernst und entscheidend es sein mag, im Vergleich zu der ewig ungefährdeten leibseeli-

20 John Wu-Kien-Yong, Die Wissenschaft der Liebe. Das Glaubensbekenntnis eines östlichen Christen (herausgegeben von D. Thalhammer,) Freiburg i. Ü. 1944, S. 34.

21 Große Heilige, Zürich 1946, S. 402f.

22 Vgl. J. *Bernhart*, Der stumme Jubel (2. Aufl.), Graz-Wien 1947, S. 108.

schen Harmonie, die wir Himmel nennen. «Vor dem Göttlichen ist der Mann wie ein Kind, so wie der Knabe vor dem Mann» sagt schon *Herakleitos*[23], und der Kirchenvater *Eusebios* ließ sich von diesem Wort des Dunklen aus Ephesos anregen zu einer tiefsinnigen Überlegung vom Kinderspiel der Ewigkeit, auf daß wir uns hienieden vorbereiten wie in einem Mutterschoß – immer in der Möglichkeit auch einer Fehlgeburt, also geborgen und gefährdet in einem. «Das irdische Leben ist wie das Leben im Mutterschoß im Vergleich mit den Erwachsenen. So ist der irdische Mensch in all seiner Vollkommenheit nur wie ein Kind gegenüber den erwachsenen Engeln. Die verkehrt liegende Mißgeburt aber ist ein Mensch, der niemals das fröhliche Antlitz und das Lachen der Engel schauen wird[24].» Das wahre Spiel und die endlose Fröhlichkeit beginnt erst jenseits der Erde. Das haben schon die Frommen unter den Griechen geahnt. Auf einer großgriechischen Vase wird Eros abgebildet und ein junges Mädchen in fröhlichem Ballspiel, und die Inschrift lautet: *ἶησάν μοι τὰν σφαῖϱαν*, «den Ball hat man mir zugeworfen». Hat nicht *Bachofen* recht, wenn er hinter diesem Bildsymbol die Andeutung eines seligen Jenseitsglaubens sieht? «Unter dem munteren Spiel verbirgt sich die höchste Hoffnung des Mysteriums[25]». Die Mysten jedenfalls des Adonis erwarten auf den Auen des Himmels heiteres, unsterbliches Spiel. «Laetus Adoneis lusibus insereris», lautet ein Vers aus dem Grabgedicht des jungen Eingeweihten M. Lucceus[26]. Und auf dem synkretistischen Katakombengemälde, dem Paradies der Vibia, spielen die Seligen das auf Erden schon geliebte Knöchelspiel[27]. Kindlich mag das sein, aber wie soll der Fromme es in Bildern und Worten

[23] Fragment 79 (Diels, Fragm. d. Vorsokr. I^5, S. 169).

[24] Syrische Theophanie I, 72 (GCS III, 2. S. 73, Z. 25 f.).

[25] Urreligion und Symbole, S. 477 f.

[26] H. *Hepding*, Attis, seine Mythen und sein Kult, Gießen 1903, S. 92.

[27] Vgl. Fr. *Cumont*, Die orientalischen Religionen im römischen Heidentum, Leipzig-Berlin 1931, S. 60 und Tafel I, 4. – M. J. *Rostovtzeff*, Mystic Italy, New York 1927, S. 146.

ausdrücken, was er erwartet? Freiheit ersehnt er, Ruhe, Geistesentbundenheit und Heiterkeit der Seele – ein Spielen erwartet er und ein geborgenes Kindsein, und jene Gelöstheit, die selbst den von Erdenlast befreiten Körper zu einem himmlischen Reigen beschwingt. Auch der antike Christ beginnt von Spiel und Tanz zu stammeln, wenn er das Glück des Himmels schildern will mit irdischen Worten. Auf seinen Sarkophagen bildet er reifenspielende Putten ab[28]. Und die christliche Grabschrift des Beratius Niketoras aus dem beginnenden vierten Jahrhundert schildert in hymnischer Freude das Paradies:

> Lieder werde ich Dir anstimmen
> und mit den heiligen Chören tanzen,
> o Logos des unerforschlichen Vaters.
> Dir sei Ehre und Macht in Ewigkeit[29].

Wenn der Dichter *Prudentius* in seinem Cathemerinon die unschuldigen Kindlein von Bethlehem und ihr himmlisches Glück besingt, dann kann er das nicht schöner aussprechen als mit dem reizenden Vers:

> Aram ante ipsam simplices
> palma et coronis luditis[30].

«Mit Palmzweig und Kränzen spielt ihr vor Gottes Altar» – es ist, als hätte Prudentius der Spanier schon die Bildkraft eines Murillo vorweggenommen. Das schönste Zeugnis aber für diese altchristliche Mystik vom himmlischen Spiel lesen wir in den Märtyrerakten der beiden karthagischen Frauen Perpetua und Felicitas, und diese Worte sind von dem Herausgeber der Akten (vielleicht

28 Vgl. Dictionnaire d'Archéologie chrétienne, et de Liturgie VII, 2, Paris 1927, Abb. 6255.

29 J. *Quasten,* Die Grabschrift des Beratius Niketoras: Mitteilungen des deutschen Archäologischen Instituts, Römische Abteilung 53, Münster 1938, S. 61. – Th K. *Kempf,* Christus der Hirt, Rom 1942, S. 195.

30 Cathemerinon XII, 129–132 (CSEL 61, S. 73).

war es Tertullian selbst) den tagebuchartigen Aufzeichnungen des Märtyrers Saturus entnommen worden. In einer Vision schaut der Blutzeuge die Ankunft der Märtyrer im Paradies. Von vier Engeln werden sie zum Throne Gottes getragen, den sie schauen als einen «Mann mit schneeweißen Haaren und jugendlichem Antlitz,» der ihre Wange streichelt zum göttlichen Gruß. Neben dem Thron stehen vier Männer und diese sprechen nun zu den Seligen: «Ite et ludite», «Geht nun und spielt!» Da spricht Saturus zu Perpetua: «Nun hast du, was du ersehntest.» Und Perpetua beendigt dieses himmlische Gespräch: «Deo gratias, ut quomodo in carne hilaris fui, hilarior sum et hic modo»; «Gott sei Dank. So, wie ich einst im Fleische fröhlich gewesen bin, soll ich nun hier noch fröhlicher sein[31]. In dieser Traumvision eines afrikanischen Christen aus dem Beginn des dritten Jahrhunderts spricht sich die immer gleiche Erfahrung und Hoffnung aus, die der unverbildet religiöse Mensch aller Zeiten in sich aufwachen fühlt, wenn er an das Leben im Jenseits denkt. Der Christ weiß glaubend, daß ihm dies in Wahrheit verbürgt ist durch den Gott, der Mensch wurde und der das Spiel seiner Gnade vollendet. Der Himmel wird ein Spiel sein, weil der Mensch eingehen darf in einen Zustand, den die Mystikerin *Mechtild* von Magdeburg mit der unnachahmlichen Prägnanz des gläubigen und dichterischen Genius beschrieben hat: «Dort werden wir sein froh und frei, schnell, gewaltig und minnereich, klar, und so viel wie möglich Gott gleich[32].» Dieses Spiel des Himmels wird ein Spiel des Heiligen Geistes sein, ein ewiges Mitschwingen mit dem Pneuma, das «weht wo es will». Hören wir noch die Verse, mit denen die wortgewaltige Frau aus Magdeburg dieses Spiel besingt:

Der Heilige Geist gießt auch
in Fülle aus seiner Minne Fluß,

[31] Acta Perpetuae et Felicitatis 12 (Knopf-Krüger, Ausgewählte Märtyrerakten, Tübingen 1929, S. 40f.).
[32] VII, 1 (Morle, S. 391).

womit er Gnade den Seligen schenkt
und sie mit solcher Fülle tränkt,
daß sie mit Freuden singen,
lieblich lachen und springen,
in sanfter Weise fließen und schwimmen
und fliegen und klimmen
von Chor zu Chor
bis zu des Reiches Höhen empor[33].

Hier endet unsere Theologie vom himmlischen Spiel. Der erlöste Mensch ist wieder ein Kind geworden, so wie er es am Beginn seiner Erdengeburt und seiner Zeugung aus dem Ursakrament der Kirche gewesen ist. Er spielt. Er ist aufgenommen in den «Chor der seligen Knaben», wie es *Goethe* am Ende seines Faust ehrfürchtig geahnt hat. Umgewandelt und gelöst «von den Flocken seines Puppenstands» geht er ein in die ewige Jugend:

Sieh, wie er jedem Erdenbande
der alten Hülle sich entrafft,
und aus ätherischem Gewande
hervortritt erste Jugendkraft[34].

Das Ende wird sein wie der Anfang: ewiges Kindsein. Denn immer ist das spielende Kind die unaufhebbare Zweiheit von Schwäche und Kraft, von Ernst und Scherz. Das Kind, so hat einmal C. G. *Jung* geschrieben, «ist das Verlassene und Ausgelieferte, und zugleich das Göttlich-Mächtige, der unansehnliche, zweifelhafte Anfang und das triumphierende Ende. Das ‚ewige Kind' im Menschen ist eine unbeschreibliche Erfahrung, eine Unangepaßtheit, ein Nachteil und eine göttliche Prärogative, ein Imponderabile, das den letzten Wert und Unwert einer Persönlichkeit ausmacht[35].» Dieses Kind im Menschen möchte spielen. Die letztgültige Antwort auf solche Sehn-

33 Ebd.
34 Faust, Zweiter Teil, Verse 12084ff.
35 *Jung-Kerényi*, Einführung in das Wesen der Mythologie, S. 141.

sucht, die Antwort der Wahrheit auf alles Suchen, ist das Wort dessen, der als Wort ein Kind geworden: «Wenn ihr nicht werdet wie die Kinder, könnt ihr nicht eingehen in das Reich der Himmel» (Mt 18, 3). Darum werden die Straßen der himmlischen Civitas Dei erfüllt sein von den Scharen der spielenden Kinder, und immer wird der Uralte mit dem jugendlichen Antlitz zu den Menschen sagen: Ite et ludite.

IV

DAS HIMMLISCHE TANZSPIEL

Alles, was wir bisher vorlegten, war nichts als der Versuch, eine Art von Religionsgeschichte des Spiels zu umreißen. Eines jedenfalls wurde klar: daß am tiefsten Grund jedes Spiels ein Geheimnis waltet und daß alles, vom Kinderspiel bis zum Himmelsspiel, jenen seligen Ernst meint, dessen Gott allein würdig ist, wie Platon gesagt hat. Alles Spielen geht heimlich auf die *θεωρία*, auf die Sehnsucht nach der Schau des Göttlichen, schrieb Plotin. Denn im Spiel will sich die schöne, heitere Beschwingtheit des Geistes einen Ausdruck schaffen, nach dem es den Menschen der Vergeistigung und der Begeisterung verlangt. Das Spiel ist in seiner Wurzel und in seiner Blüte ein sakrales Geheimnis – die zur Geste gewordene Hoffnung auf ein anderes Leben. Spiel ist Verzauberung, Darstellung des ganz Anderen, Vorwegnahme des Kommenden, Leugnung des lastend Tatsächlichen. Das Irdische wird im Spiel auf einmal zum Vorläufigen, bald Überwundenen, demnächst endgültig Erledigten: und der Geist wird bereitet, das Unerhörte aufzunehmen, in die Welt ganz anderer Gesetze einzugehen, entschwert zu sein und frei und königlich ungebunden, göttlich. Der spielende Mensch erwartet, wie wir schon einmal sagten, jene wundersame Gelöstheit, die selbst den von Erdenlast befreiten Körper zu einem himmlischen Reigen beschwingt.

Damit aber kommen wir in eine Gedankenwelt, von der hier, gleichsam als Abgesang zu unserer Theologia ludens, gesprochen werden soll. Alles Spiel ist irgendwo am Grunde seines Wesens ein Tanz, ein Reigen um die Wahrheit. Immer war das sakrale Spiel ein Tanzspiel. Denn in der Rhythmik des Körpers und der Töne vereinen sich alle Möglichkeiten, in sichtbarer Leiblichkeit das auszusprechen, was der Geist meint und ersehnt, und zugleich auch, es keusch zu verhüllen und zu schützen. Die *ἄρρητα*, die unsagbaren Dinge der Mysterien, haben die Griechen in ein Tanzspiel hineinverborgen, wissend, daß es Einsichten und Ahnungen gibt, die man nicht mehr sagen, sondern nur auf schöne Weise «tun» kann. Das schamlose «Ausplaudern» dieser Geheimnisse heißt darum auf Griechisch ἐξορχεῖσθαι, «austanzen»; und dies war auch für die Christen Clemens und Dionysius ein heiliges Wort, denn es gibt auch christliche Mysterien, die nur ein Beschwingter versteht und die man nicht bereden darf: «Gefährlich ist es, die wahrhaft unaussprechlichen Lehren der wahren Weisheitsliebe auszutanzen[1].» Erst in der Schau Gottes, wo der Logos der «heilige Vortänzer im Reigen» ist (so sagte Hippolyt), wird der Erlöste in die gelösten Rhythmen der Wahrheit sich einfügen, dann, wenn wir (wie die Grabschrift des Niketoras kündet) «mit den heiligen Chören tanzen».

Versuchen wir denn, etwas von dieser Theologie des Tanzes aus der Weisheit der Griechen und Christen zu erlauschen.

Der Tanz als Spiel ist sakral, weil er zunächst eine in Geste und Rhythmus verkörperlichte Nachbildung der Beschwingung ist, die Gott als das schöpferische Prinzip dem Kosmos eingegeben hat. Denn, so sagt einmal *Plotin*, der Weltplan ist «das wahrhafteste Dichtwerk, das die Menschen mit dichterischen Anlagen in Teilstücken nachdichten: die Psyche ist die Darstellerin, und was sie darstellen soll, erhält sie vom Weltbildner *(ποιητής)*.» Gott ist Poietes, Schöpfer und Poet in einem. Je tiefer die Einsicht und die Ahnung den Menschengeist in die Geheimnisse der Welt einführt, um so geeigneter stimmt sie ihn, sich in den Takt des Göttlichen einzufügen. «Es ist mithin die Betätigung des Lebens eine künstlerische, so wie der Tanzende in Bewegung ist: denn der Tänzer ist ein Abbild des Lebens[2].» Plotin schließt an diese Erwägung die

[1] Stromata I, 2, 21 (GCS II, S. 14, Z. 15). Vgl. auch H. *Koch*, Pseudo-Dionysius Areopagita in seinen Beziehungen zum Neuplatonismus und Mysterienwesen, Mainz 1900, S. 116ff.

[2] Enneade III, 2, 16 (Harder V., S. 45). – Über den Tanz im griechischen Kult und im Mysterienwesen vgl. K. *Latte*, De saltationibus Graecorum

Darstellung seines großen «Welttheaters» an: das Hervorgehen und Ausgestalten des Kosmos aus dem Eins des Göttlichen ist wie ein Drama, ein Kontrapunkt, eine Vereinigung von Gegensätzen, ist Elementenkampf und «plangemäßes Tonverhältnis». Mit allen Sinnen muß der Mensch, der noch hienieden wandelt und sich in diese wahre concertatio eingebannt fühlt, versuchen, den wahren Rhythmus zu erlauschen. Schon *Philon* hat, wenngleich viel stoischer und zudem in Erinnerung an die *θαύματα* des Platon, von dem «Drahtpuppenspiel» des Lebens, vom Tanz des Lebens gesprochen. Mit den Sinnen muß der «in diesem sterblichen Leben Tanzende» feststellen, «wer es ist, der das Wunderwerk der Puppen bewegt und unsichtbar in unsichtbarlicher Weise an seinen Fäden zieht *(νευροσπαστῶν ἀόρατος ἀοράτως)*[3].» Durch die Sinnenwelt hindurch gelangt der Mensch dieser kosmischen Eurhythmik zur Erkenntnis, daß er sich mit der Welt dann im gleichen Tanzschritt bewegt, wenn es ihm gelungen ist, den Gleichtakt des Körpers mit der Seele herzustellen, oder umgekehrt, wenn die Seele sich ihres Leibes so bedienen kann, daß das Wort und die Geste und der Ton zum Ausdruck des Geistes werden. Der Spötter *Lukian von Samosata* hat uns ein Büchlein über den Tanz hinterlassen, das wir gewiß nicht ernsthafter nehmen wollen als es der modische Literat gemeint hat, das aber (und gerade das ist daran das Spielerische und Tiefsinnige) eben im Gewand des leichten Scherzes und wie schwebend ernste Wahrheiten ausspricht, gleichsam eine mozartische Opera buffa in antikem Gewand. Der Tanz, so meint hier Lukian, ist nicht nur ein Vergnügen, sondern ein seelisch nützliches Tun. Denn er «bringt die Seelen der Menschen in den rechten Rhythmus und stellt anschaulich dar, was die innere Schönheit der Seele mit der äußeren Schönheit des Körpers gemeinsam hat, den Punkt aufzeigend, wo

capita quinque (Religionsgesch. Versuche und Vorarbeiten 13, 3) Gießen 1913. – K. *Prümm*, Religionsgeschichtliches Handbuch für den Raum der altchristlichen Umwelt, Freiburg 1943, S. 487f.

[3] De fuga et inventione 45 und 46 (Cohn-Wendland III, S. 121f.).

beide gleichsam zusammenfließen»[4]. Darum, so folgert er an einer späteren Stelle, kann schön und richtig nur der Mensch tanzen, der ein Kenner des Menschlichen, ein Weiser ist. Der Tänzer muß jene Eigenschaft besitzen, die Thukydides einmal an Perikles pries: *γνῶναί τε τὰ δέοντα καὶ ἑρμηνεῦσαι αὐτά*, «wissen um das, was sein soll, und verstehen, es auch auszudrücken». Und so nennt er denn den Tanz eine Kunst, das Geistige zu verleiblichen, das Unsichtbare schaubar zu machen. In drei Begriffen von griechischer Prägnanz spricht er die Definition des Tanzes aus:

ἐπιστήμη μιμητικὴ καὶ δεικτική
τῶν ἐννοηθέντων ἐξαγορευτική
τῶν ἀφανῶν σαφηνιστική[5].

Kunst des Nachahmens und Andeutens,
Ausdeuterin des im Geist Verborgenen,
faßbar machend das Unsichtbare.

Daher habe Lesbonax von Mytilene den Tänzer tiefsinnig einen *χειροσόφος* genannt, einen Menschen, der «mit den Händen weise ist»[6]. Hier berührt er also das letzte Geheimnis jeder Kunst, die Sehnsucht nach dem endlich gelungenen Sichtbarmachen des Unsichtbaren. Alle jagen sie diesem Geheimnis nach, die vom Geist Besessenen, die in Ton und Farbe und Geste sich erkühnen, das Unsagbare zu sagen, und die in jenem ach so seltenen Augenblick, wo sie es plötzlich und vorüberhuschend erreicht zu haben glauben, von dem göttlichen Lächeln umspielt sind, das ein Abglanz der auf dem Erdkreis spielenden Weisheit ist. «Denn eine Moral letzten Endes bedeutet jede klassische Kulturgebärde, ein zur Gebärde zusammengezogenes Vorbild des menschlichen Verhaltens», sagt der Ludimagister des Glasperlenspiels. Und wie die

[4] Über den Tanz 6 (Jacobitz II, S. 146).
[5] Über den Tanz 35 (Jacobitz II, S. 156).
[6] Über den Tanz 69 (Jacobitz II, S. 164).

Musik, so ist auch der Tanz der Ausdruck des Wissens «um die Tragik des Menschentums, Bejahen des Menschengeschicks, Tapferkeit, ein Klang von übermenschlichem Lachen von unsterblicher Heiterkeit[7].» Wer dächte hier nicht an Mozarts aus Tränen emporsteigende Anmut? Und wer nicht an *Rilkes* fünfte Duineser Elegie, die uns im Bilde der saltimbanques aus der Pariser Vorstadt den Gegensatz besingt zwischen der armseligen Virtuosenkunst des Gelernten und dem göttlichen Augenblick, wo einmal das Gemeinte endgültig in seine vollendete Leiblichkeit gerinnt. Dort steht es, das unsterbliche Wort vom Lächeln und vom Tanz, dort wird der Engel beschworen, dieses Gebilde des Augenblicks wie in einer Urne voll kostbaren Heilkrauts zu bewahren:

Und dennoch blindlings,
das Lächeln...
Engel! o nimms, pflücks, das kleinblütige Heilkraut.
Schaff eine Vase, verwahrs! Stells unter jene uns noch
  nicht
offenen Freuden; in lieblicher Urne
rühms mit blumiger, schwungiger Aufschrift:
  «Subrisio saltat[8].»

Der Künstler selbst ist der arme Artist, und das Heilkraut ist die vorerst noch unmögliche, aber einen Augenblick lang geahnte Vollendung der Kunst: über das bloße Können hinaus das Unnachahmliche zu gestalten, das Schwungige, oder, wie es am Ende der Elegie heißt, die «kühnen hohen Figuren des Herzschwungs, ihre Türme aus Lust». Im Augenblick aber, wo dieses Können endlich einmal, nur eben einmal, gelingt, bricht die göttliche Sonne durch das Dunkel, und dann heißt es: subrisio saltat, das Lächeln tanzt. Es lächelt der Tänzer.

Was sich so als letztes Geheimnis des Tanzes in der leibseelischen Harmonie des künstlerischen Menschen begibt,

[7] Glasperlenspiel I, S. 65.
[8] Insel-Ausgabe, Leipzig 1931, S. 25.

ist indessen nur Teil eines größeren Ganzen: der Tanz hat auch sein kosmisches Mysterium. Er will ein Mitschwingen sein in jenem Rhythmus der schöpferischen Liebe, die «die Sonne schuf und andre Sterne». Es ist wiederum der ernstheitere *Lukian*, der da schrieb: «Diejenigen, welche die Genealogie der Tanzkunst am richtigsten angeben, behaupten, daß sie mit dem Weltall einerlei Ursprungs sei und mit dem uranfänglichen Eros zugleich in Erscheinung trat. Denn was ist jener Reigen der Gestirne, jene regelmäßige Verflechtung der Planeten mit den Fixsternen, das gemeinsame Maß und die schöne Harmonie ihrer Bewegungen anderes als Proben jenes uranfänglichen Tanzes (*πρωτόγονος ὄρχησις*)?» Diesen kosmischen Tanz wollen die Tänze der Mysterien nachahmen, und daher sei es gekommen, daß man, «um zu sagen, jemand habe die Mysterien ausgeplaudert, sich gewöhnlich eines Wortes bedient, dessen eigentliche Bedeutung so viel als ‚falsch oder wider den Takt tanzen'[9].» Dem antiken Menschen war es bei seiner Bewunderung für den funkelnden Sternhimmel vertraut, von dem Tanz der Gestirne zu sprechen. «Die Fixsterne», so sagt *Philon*, «tanzen einen wahrhaft göttlichen Tanz, da sie die Ordnung nicht verlassen, die ihnen der alleszeugende Vater im Kosmos angewiesen hat[10].» Man kennt ein eigenes Sternbild, das «dieTanzenden» heißt, oder bei den Römern «die Spielenden»[11]. *Chalcidius* schrieb: «Die Irrsterne werden getragen von einer ausgewogenen und schön zusammenklingenden Bewegung, darum nennt Platon dies einen Tanz[12].» Und in der märchenhaften Stimmung, die *Claudius Claudianus* in einem Epithalamium schildert, wo am Hochzeitstag der Braut die Erde Wein und Milch sprudelt und der Wagen des Helios stillsteht, heißt es: tunc exultasse cho-

[9] Über den Tanz 7 (Jacobitz II, S. 147) und 15 (II, S. 150).

[10] De Cherubim 23 (Cohn-Wandland I, S. 175, Z. 16f.).

[11] Die Sterne der Ursa minor. Vgl. *Hyginus*, Astr. III, 1 und *Germanicus*, Schol. Strozziana (Breysig, S. 115). – Vgl. dazu Fr. *Boll*, Sphaera, Leipzig 1903, S. 259.

[12] Translatio Platonis Timaei (Wrobel, S. 124).

reis astra ferunt, «die Sterne, so raunt man, jubelten auf in Reigentänzen[13]». Auch die christlichen Dichter sprechen so, wenn sie die Schönheit des nächtlichen Himmels preisen. «Die Sterne besticken (pingunt) den Äther mit wohlgezählten Tanzchören und in musischen Intervallen», sagt *Claudius Mamertus*[14].

Nun gehört es zu den Grundthemen der spätantiken Astralmystik, daß die Seelen der Menschen gebildet sind aus der Essenz dieser Sternwelt[15]. Man glaubt darin eine uralte Weisheit des Herakleitos bewahrt zu haben, wie wir aus des *Macrobius* Kommentar zum Somnium Scipionis erfahren[16]. Hat ja doch *Cicero* selbst in seinem «Traum des Scipio», diesem auch für das christliche Mittelalter so wichtigen Buch, gelehrt: «Dem Menschen ist der Geist gegeben aus jenem ewigen Feuerbereich, den ihr die Gestirne nennt und die in wundersam eiligem Lauf ihre Bahnen ziehen[17].» Und dorthin gehen die Seelen auch wieder heim, auf den Sternen ist nach der Lehre der Pythagoreer der Sitz der Seligen. So muß denn die Seele, die schon hienieden sich mit dem Göttlichen vereinen will, sich in den Reigentanz der Gestirne einfügen, um jetzt schon zu sein, was sie einst war und was sie sein wird. «Denn es will Gott», so sagt *Philon*, «daß die Seele des Weisen ein Abbild des Himmels sei. Ja, wenn ich es paradox ausdrücken darf, sie soll ein *οὔρανος ἐπίγειος*, ein auf die Erde herabgeholter Himmel sein – so, daß sie das in sich habe, was im Ätherbereich ist: geordnete Bewegungen, harmonische Reigentänze *(χορείας ἐμμελεῖς)*, gottgeordnete Umschwünge und sterngleiches, glanzschimmerndes

[13] Carmen XXI, 84 (MG Auct. antiqu. X, S. 192).

[14] De statu animae II, 12 (CSEL 11, S. 149).

[15] Vgl. Fr. *Cumont*, Astrology and Religion among the Greeks and Romans, New York 1912. – *Ders.*, Die orientalischen Religionen im römischen Heidentum, Leipzig-Berlin 1931, S. 162ff. – E. *Pfeiffer*, Studien zum antiken Sternglauben, Leipzig 1916, S. 28ff., S. 113–130.

[16] In somnium Scipionis XIV, 19 (Vgl. Diels, Fragm. d. Vorsokratiker 12, A 15).

[17] Somnium Scipionis § 15.

Gutsein[18].» *Lukian* weist uns in diesem Zusammenhang auf die Frömmigkeit der Inder hin, die den Tanz der Sonne in nachahmenden Bewegungen still verehren. «Wenn die Inder des Morgens ihre Andacht verrichten zur Sonne hin, glauben sie nicht wie wir die Sache mit einem dem Helios zugeworfenen Handkuß abgetan, sondern sie verehren den Helios, der aufgehenden Sonne zugekehrt, in tiefer Stille durch einen Reigen, der den Tanz des Gottes nachahmt[19].» Eine letzte Erinnerung an diese Ahnungen der längst entschwundenen antiken Astralfrömmigkeit begegnet uns nun in einem Text, der geschichtlich und psychologisch von hohem Interesse sein kann. Es ist der seltsame *Honorius Augustodunensis*, der so viele Merkwürdigkeiten noch gewußt hat, und der uns über das Geheimnis des Tanzes also belehrt: «Der ‚Chor' der Psalter Betenden hat seinen Namen erhalten von der chorea canentium, von dem Tanzchor der Singenden, den die antike Zeit für ihre Idole gefeiert hat, um auf diese Weise in ihrer Täuschung die Götter mit der Stimme zu loben und mit dem ganzen Körper ihnen zu dienen. Durch die Tänze aber wollten sie nachahmen den Umschwung des Firmaments; durch die Gesten der Hände die Verknüpfung der Elemente; durch den Ton des Gesangs die Harmonie der zusammentönenden Planeten; durch die Bewegungen des Körpers den Gang der Sternbilder; durch das Klatschen der Hände und das Stampfen der Füße den Laut des Donners.» Honorius lehnt das als Verehrung der Idole ab. Aber er weiß doch auch um die Ahnung des Wahren, die sich darin verbirgt. Und so fährt er kühn weiter: «Dies haben die Gläubigen nachgeahmt und in den Dienst des wahren Gottes verwandelt. Daher suchen auch sie sich bei Tänzen der musikalischen Instrumente zu bedienen, denn die himmlischen Feuerkugeln, so sagt man, singen

18 Quis rerum divinarum haeres 88 (Cohn-Wendland III, S. 21, Z. 4–8).

19 Über den Tanz 17 (Jacobitz II, S. 150). Vgl. dazu Fr. J. *Dölger*, Sol Salutis², Münster 1925, S. 22f. – H. *Oldenberg*, Die Religion des Veda, Stuttgart-Berlin 1917, S. 110 und 432. – Eine gleiche Nachricht bei *Plinius*, Nat. hist. VII, 2, 22 (Mayhoff I, S. 6, Z. 14f.).

bei ihrem Umschwung eine süße Melodie[20].» Und er beruft sich auf biblische Vorbilder, auf die dem von ägyptischer Knechtschaft befreiten Volk voraustanzende Mirjam, auf den König David, der vor der Bundeslade tanzte, auf die schöne Sängerordnung des Salomon.

Das führt uns nun zu den Versuchen der antiken Christen, dem Tanz seine sakrale Stellung und Begründung innerhalb des christlichen Mysteriums zu geben. Es ist zwar durch die reichbelegte Untersuchung von J. *Quasten*[21] dargetan worden, daß Musik und Tanz in der alten Kirche, aufs Ganze gesehen, keine kultische Rolle gespielt haben. Zu sehr mußte der Christ der antiken Welt darin den Ausdruck des verabscheuten heidnischen Frommseins empfinden, und *Chrysostomos* hat es in einer Predigt streng und bündig ausgesprochen: *ἔνθα γὰρ ὄρχησις ἐκεῖ διάβολος*, «wo Tanz ist, da ist der Teufel![22]» Aber das war doch nicht alles: es blieben die biblischen Vorbilder eines sakralen Tanzes, es blieb auch dem Christen die Ahnung von dem kosmischen Geheimnis der Nachahmung eines himmlischen Sternenreigens, es blieb die urmenschliche Sehnsucht nach der Teilnahme am lichten Chor der Engel. Und wenn es nicht das tänzerische Geheimnis des Kosmos war – es gab noch einen anderen Tanzschritt für den sinnenden Christen, genau so, wie es für ihn nicht nur das Spiel der Schöpfung war, sondern noch tiefer das Spiel der Gnade, das es mitzuspielen galt: es gab noch den göttlich heiligen Tanzschritt des menschgewordenen Logos, den Hippolyt den «Vortänzer im mystischen Reigen» genannt hat, jenes wundersame «Springen» des seiner Braut, der Menschheit, entgegeneilenden Bräutigams. Im Hohenlied las er davon: «Sieh da, er kommt, springend über Berge, hüpfend über Hügel, einer Gazelle gleich, mein Geliebter, oder dem jungen Hirsch» (2,8). Wieder ist es *Hippolyt* gewesen, der dies auf

[20] Gemma animae I, 139 (PL 172, 587f.).

[21] Musik und Gesang in den Kulten der heidnischen Antike und christlichen Frühzeit, Münster 1930, bes. S. 232ff.).

[22] Matthäushomilie 48 (49) (PG 57, 491).

die Mysterien des Heilswerks deutete, in einem Wort, das die mystische Theologie bis ins Mittelalter nicht mehr vergessen konnte: «O der gar großen Geheimnisse! Was bedeutet dieses Springen? Der Logos sprang vom Himmel in den Leib der Jungfrau, er sprang vom Mutterleib hinauf auf den Kreuzbaum, vom Baum in den Hades, er sprang vom Hades in menschlichem Fleisch wieder auf die Erde – o der neuen Auferstehung! Und er sprang von der Erde in den Himmel, wo er sitzt zur Rechten des Vaters. Und wieder wird er springen auf die Erde mit Herrlichkeit, um zu geben Vergeltung[23].» So fließen die Bilder zusammen, aus den Erinnerungen an die Tänze der alten Mysterien, aus den Gestalten der Bibel und aus der mystischen Allegorie – und aus allem ertastet man das fromme Geheimnis des vor Gott aufgeführten Tanzspiels. In einer Predigt erinnert *Gregor von Nazianz* seine Gläubigen an die Tänze der verlassenen Mysterienkulte, die nun abgetan sind. «Allein, wenn du schon tanzen mußt, als Liebhaber der Panegyris und der Feste, so tanze nur – aber nicht den Tanz der Herodias, den ausgeschämten Tanz, der dem Täufer den Tod brachte, nein, tanze den Tanz des David vor der ruhenden Gotteslade. Denn ich möchte meinen, ein solcher Tanz sei das Mysterium eines Wandels vor Gott, der da ist schön in der Bewegung und reich in der Geste *(τῆς εὐκινήτου καὶ πολυστρόφου κατὰ θεὸν πορείας εἶναι μυστήριον)*[24].» Das ist griechisch und christlich gedacht, nicht anders als es der Freund, *Gregor von Nyssa*, in Sinn und Wort Plotin nachahmend, in einer Homilie aussprach: «So ist denn ein solcher Tanz gleichbedeutend mit einer hohen Spannung der heiteren Freude. Denn er ist eine rhythmische Bewegung des Körpers und

[23] Hoheliedkommentar 11 (GCS Hippolyt I, 1, S. 347f.). Den grusinischen Text vgl. bei N. *Bonwetsch*, Hippolyts Kommentar zum Hohenlied: Texte und Untersuchungen 23, 2, Leipzig 1902, S. 55f. – Aus Hippolyt übernahm Gedanken und Text vor allem *Ambrosius*, Homilie VI, 6 zu Psalm 118 (CSEL 62, S. 111f.) und De Isaac et anima 31 (CSEL 32, 1, S. 661). Aus Ambrosius wandert er weiter zu *Ps.-Cassiodor* (PL 70, 1064B), zu *Beda* (PL 91, 1225f.) und *Paterius* (PL 79, 907f.).

[24] Oratio V, 35 (35, 712 A).

so ein nach außen Sichtbarwerden der innerlichen Seelenhaltung – ist ja doch der Mensch immer ein Doppelwesen, aus Seele nämlich und aus Leib[25].» Ein königlicher Tänzer soll der wahre Christ sein, wie David vor der Bundeslade, und niemand soll ihn verachten, wie einst Michal, die Gattin, den tanzenden König verachtet hat. *Ambrosius* deutet dieses biblische Vorbild also aus: «Es spielte aber vor dem Antlitz des Herrn dieser Knecht. Aber jene Frau, die einen solchen Tanz getadelt hat, wurde zur Strafe unfruchtbaren Leibes und gebar kein königliches Kind. Und wenn du noch zweifelst, höre das Wort des Evangeliums. Es spricht der Sohn Gottes: ‚Wir haben gesungen, aber ihr habt nicht getanzt' (Mt 11, 17). Verworfen wurden die Juden, weil sie nicht getanzt haben, weil sie nicht verstanden, mit den Händen Takt zu schlagen, und auserwählt wurden die Heidenvölker, die Gott auf geistliche Weise Applaus gaben. Das eben ist der glorreiche Tanz des Weisen, den einst David getanzt hat. Und deswegen konnte er im erhabenen Reigenschritt des Geistes hinaufsteigen bis zum Thronsitz Christi, wo er ihn schaute und wo er hörte, wie der Herr zu seinem Herrn sprach: sitze zu meiner Rechten[26].» So ist denn Davids Tanz für *Augustinus* zutiefst ein Symbol, eine «mystische Figuration» des heiligen Zusammenklangs aller verschiedenen Töne und Gesten im ewigen Frieden der Civitas Dei[27]. Heiliger Tanz ist, wie noch der deutsche *Hrabanus Maurus* es deutet, das Sinnbild «eines immer wachen Herzens und einer frommen Behendigkeit der Leibesglieder»[28]. Wir verstehen jetzt, warum auch dem östlichen Christen das Malerbuch vom Berge Athos als Beschriftung einer Darstellung der Mutter und Braut Kirche vorschreiben konnte: «O Kirche, erfreue dich im Herrn, jauchze und tanze![29]»

25 Homilie VI, 4 zum Buche Ecclesiastes (PG 44, 709 C).
26 Epistola 58, 7 (PL 16, 1179f.).
27 De Civitate Dei XVII, 14 (CSEL 40, 2, S. 245).
28 Matthäuskommentar 4 (PL 107, 913 A).
29 Malerbuch vom Berge Athos (ed. G. Schäfer, S. 327). Vgl. auch P. *Clemen*, Romanische Monumentalmalerei in den Rheinlanden, Düsseldorf 1916, S. 351.

Immerhin, dies alles ist, man sieht es deutlich, nur eine Art von Allegorisierung des Tanzes, der Versuch, die immer wieder sich ins Kultische eindrängenden Reigen und musischen Weisen ins Spirituelle umzudeuten. Aber hat sich, so fragen wir, in der Liturgie des christlichen Mysteriums kein heiliger Tanz erhalten – wo doch die ganze Schönheit und Formstrenge der katholischen Liturgie wie ein einziges Spiel ist, gebildet aus Gebärden von strenger Keuschheit und aus einem Schreiten, das gemessen und langsam ist ob der Schwere der Geheimnisse, die es ausdrücken will? Die Antwort hat L. *Gougaud* in seiner Untersuchung über den Tanz in den Kirchen gegeben: «Nichts beweist oder macht auch nur wahrscheinlich, daß heilige Tänze in der Liturgie der Kirche zugelassen waren, weder in der antiken Zeit noch in den folgenden Jahrhunderten. Zu jeder Zeit ist der Tanz außerhalb des eigentlich offiziellen Kults geblieben[30].» Zugleich aber muß der gelehrte Forscher feststellen, daß in fast allen Jahrhunderten in zahlreichen Kirchen vom Volk sowohl wie vom Klerus sakrale Tänze um den Kern der nüchtern strengen Liturgie gerankt wurden. Und oft sind in diesem lebendigen Fluß der liturgischen Improvisation die Grenzen zwischen kultischer und volkstümlicher Form verwischt. An den Festen der Märtyrer drängt es den antiken Christen in Griechenland und in Afrika, seiner Freude Ausdruck zu verleihen mit einem heiligen Tanz am Grabe des Heroen. Die nächtliche Vigilienfeier war erfüllt von Tanz und Gesang. Und die gestrengen Väter der Kirche, die um die pagane Herkunft dieser Dinge wußten, runzelten die Stirn: Ista consuetudo ballandi de paganorum observatione remansit, predigt *Caesarius von Arles*, «diese Unsitte des Tanzens (an den Märtyrervigilien) ist ein Rest aus dem heidnischen Brauchtum»[31]. Schon hundert Jahre vorher können wir einmal in einer Predigt des *Augustinus* mit unmittelbarer Frische den Augenblick miterleben, wo der Seelsorger

[30] La Danse dans les Eglises: Revue d'Histoire ecclésiastique 15 (1914) S 1–22; S. 229–245.

[31] Sermo 266, 3 (PL 39, 2241; Morin I, S. 65, Z. 26f.).

diese sakrale Tanzlust der Gläubigen ins Geistige zu heben sucht. Es ist in der Basilika des Märtyrers Cyprian zu Karthago. Kurz zuvor sind die Tänze der Vigilienfeier abgeschafft worden, zum Leidwesen der lebensfrohen Stadtchristen. «Wir feiern nicht mehr die Spiele der Dämonen», sagt ihnen Augustinus. Und doch, so wendet er sich ein, steht geschrieben: «Wir haben gesungen, aber ihr habt nicht getanzt.» Wie also erfüllt sich das bei uns? Und er fährt fort: «Es singt, wer befiehlt, und es tanzt, wer gehorcht. Was anderes denn ist Tanzen als mit der Bewegung des Körpers den Tönen zu folgen? Unser Tanz ist die Änderung des Lebens.» Der Märtyrer Cyprianus ist auf diese Weise unser Vortänzer: «Er hörte, wie Gott ihm vorsang, und er begann zu tanzen, nicht mit der Bewegung des Leibes, sondern des Geistes. Er schmiegte sich diesem guten Gesang an, diesem neuen Gesang, er schmiegte sich an, er liebte, er harrte aus, er kämpfte, er hat gesiegt![32]» Aber die Stimme der Bischöfe verhallte, die «Volksliturgie» war, aufs Ganze gesehen, stärker als diese feinsinnigen Versuche einer etwas ungreifbaren Vergeistigung. Man wird es irgendwie als pastorale Resignation ansehen müssen, wenn ein griechischer Prediger am Fest des Märtyrers Polyeuktos seinen Gläubigen sagt: *χωρεύσωμεν αὐτῷ, εἰ δοκεῖ, τὰ συνήθη* «so laßt uns denn zu seiner Ehre, wenn es euch so gut scheint, tanzen, wie es das Herkommen will»[33]. Dagegen kam auch ein Augustinus nicht auf, wenn er in einer anderen Homilie einmal streng und knapp predigte: «Die Märtyrer haben nicht tanzend, sondern betend gesiegt![34]» Es wird sich wohl sicher um einen realen Festgebrauch gehandelt haben, wenn *Paulinus von Nola* eine Feier zu Ehren des Märtyrers Felix von Nola mit den Versen besingt:

[32] Sermo 311, 5 (PL 38, 1415f.)

[33] Text bei B. *Aubé,* Homélie inédite, Polyeucte dans l'histoire, Paris 1882, S. 79. – Vgl. J. *Quasten,* Musik und Gesang, S. 243f. – L. *Gougaud,* La Danse, S. 10.

[34] Sermo 326, 1 (PL 38, 1449). Ein Verzeichnis der von der antiken Kirche erlassenen Gesetze gegen den kultischen Tanz vgl. bei *Quasten,* S. 245 bis 247 und bei *Gougaud,* S. 10–14 (mit Einschluß des Mittelalters).

Ferte Deo, pueri, laudem, pia solvite vota,
et pariter castis date carmine festa choreis,
spargite flore solum, praetexite limina sertis[35].

Singt, ihr Knaben, ein Loblied zu Gott, sprecht fromme Gebete,
feiert zusammen das Fest in Lied und mit Tänzen voll Keuschheit,
Blumen streut auf den Weg und bekränzt mit Gewinden die Tore.

Wer dächte da nicht an eine der katholischen Prozessionen zu Ehren des heiligen Fronleichnam? Oder an jene Knaben, die heute noch – es ist dies vielleicht der einzige Rest eines sakralen Tanzes in der Kirche – in der Kathedrale von Sevilla vor dem Mysterium des Altars ihren Tanz aufführen?[36] Gewiß, es handelt sich bei diesem kultischen Tanz der «Seises» von Sevilla wohl sicher um einen mittelalterlichen Brauch, und es war jedenfalls ein merkwürdiger Einfall (typisch für eine Art von Religionsgeschichte), wenn J. E. *Harrison* in den sakralen Tänzen von Sevilla einen lebendigen Rest der Tänze sah, die einst die Kureten auf Kreta zu Ehren des Zeuskindes aufführten. «Der große Pan ist tot, aber sein Geist tanzt heute noch», fügt sie hinzu[37]. Da ist der Mensch aller Zeiten, zumal der südländische, eben doch zu sehr ein Tänzer, also ein heimlicher Künstler, als daß er nicht auch versuchte, im Bereich des Sakralen auszudrücken, was in seiner Seele lebt. Im Dämmerschein der wundervollen Kathedrale von Sevilla tanzen die Knaben in Gruppen zu sechs (Seises) nach Gesetzen von uralt strenger Heiligkeit vor Gott ihren Tanz, und jedes Fragen nach der geschichtlichen Herkunft solchen Brauchs wird unbedeutend vor der urmenschlichen

[35] Carmen XIV, 108–110 (CSEL 30, S. 50).

[36] Die reiche Literatur zu den kultischen Tänzen von Sevilla vgl. bei *Gougaud* S. 243, Anm. 3.

[37] Epilegomena to the Study of Greek Religion, Cambridge 1921, S. 26.

Bedeutung und Schönheit dieses Dienstes vor Gott mit Seele und Körper.

Noch eines sakralen Spiels sei hier gedacht, das im Mittelalter, vorab in Frankreich, mit seiner hohen Symbolkraft die Gemüter der Frommen erfreut hat. Es ist der Tanz und das Ballspiel, die am Abend des Ostertags von Bischof und Klerus im Bischofshaus oder gar in der Kathedrale selbst aufgeführt wurden. Es war kein Geringerer als *Bachofen*, der in seinen Untersuchungen über die mystische Bedeutung des Balls (Sphaira) darauf hinwies: «Am Ostertag im Chor der Kirche aufgeführt, bekundet dieses Ballspiel seine überlieferte Beziehung zu der Unsterblichkeit des zukünftigen himmlischen Daseins noch unter der Herrschaft des neuen Glaubens[38].» Indessen, wenn Bachofen hier zum Erweis auf einen Brief des *Apollinaris Sidonius* hinweist, so konstruiert er Zusammenhänge, die vor der neuen Forschung nicht bestehen können. Sidonius erzählt dort von einer Festfeier zu Ehren des Märtyrers Justus, zu der ungezähltes Volk zusammengeströmt war, und wo man sich nach der liturgischen Feier der Vesper auf den Wiesen am Ballspiel ergötzte – auch der Bischof und die jungen Kleriker nahmen daran teil[39]. Aber das ist keine liturgische oder sakrale Handlung und steht mithin in keinerlei Zusammenhang mit dem Brauch, der uns aus dem Mittelalter, bis in 14. Jahrhundert hinein, aus einer Reihe von französischen Bischofskirchen berichtet wird. Hier wird es sich doch wohl um ein ins Kultische eingedrungenes Nachleben altgermanischer Osterbräuche handeln, wie uns neuestens Robert *Stumpfl* gezeigt hat[40]. Zunächst die bezeugten Tatsachen: am Ostertag oder auch in den Tagen der sogenannten «libertas decembrica» (um das Fest der Unschuldigen Kinder und an den Kalenden des Neuen Jahrs) pflegte der Bischof mit seinen Klerikern ein Ballspiel aufzuführen, im Hof seines Hauses oder

38 Urreligion und antike Symbole, S. 480.
39 Epistola V, 17 (PL 58, 547B).
40 Kultspiele der Germanen als Ursprung des mittelalterlichen Dramas, Berlin 1936.

im Chor der Kathedrale, nach strengem tänzerischem Gesetz. Johannes *Beleth* berichtet uns davon: «Es gibt auch einige Kirchen, in denen es Gewohnheit ist, daß sogar Bischöfe und Erzbischöfe in ihren Höfen mit den Untergebenen spielen, so, daß sie sich gar dazu herablassen, mit ihnen ein Ballspiel aufzuführen[41].» Etwas ausführlicher bezeugt das gleiche Wilhelm *Durandus* für das 13. Jahrhundert: «An diesem Tag spielen an verschiedenen Orten die Prälaten mit ihren Klerikern, und zwar im Kreuzgang oder im Bischofshaus. Sie lassen sich herab, sogar ein Ballspiel zu veranstalten oder Tänze und Gesänge. Und man nennt dies ‚Dezemberfreiheit', wie es in alter Zeit bei den Heiden Sitte war, daß in diesem Monat die Sklaven, Hirten und Mägde sich einer gewissen Freiheit erfreuten und ihren Herrn befehlen durften[42].» Ähnliches fand am Osternachmittag statt. Wir besitzen noch aus dem Jahre 1582 ein Rituale aus Besançon, in dem für die Ostervesper angeordnet wird: «Nach der Vollendung der Non finden die Tänze im Kreuzgang statt oder, wenn das Wetter regnerisch ist, in der Mitte des Kirchenschiffs. Man singt dazu ein paar Lieder, wie sie in den Prozessionsordnungen enthalten sind. Und wenn der Tanz zu Ende ist, reicht man im Kapitelsaal einen Trunk von rotem und weißem Wein[43].» Genaueres über diesen Osterbrauch hören wir aus der Kathedrale von Auxerre. Dort findet der Tanz, verbunden mit einem sakralen Ballspiel, im Chor der Bischofskirche statt, und zwar, wie ausdrücklich bemerkt wird, auf dem «Labyrinth», das in Mosaikwerk den Fußboden ziert (Choream circa daedalum ducentibus). Nach der Weise und dem Takt der Ostersequenz «Victimae paschali» schreiten Bischof und Kleriker in schöner Tanzordnung über die Figuren des Labyrinths und werfen sich einen Ball zu: pilota, der lateinische Name dieser österlichen Sphaira, gab darum dem tiefsinnigen Brauch den

[41] Rationale div. officiorum 120 (PL 202, 123 C).
[42] Rationale VI, 86 (ed. Neapel 1859, S. 571).
[43] Text bei *Gougaud*, La Danse, S. 235.

Namen[44]. Den Fußboden der Kirche mit einem Labyrinth zu zieren, war schon in der antiken Kirche Brauch, und der uralte Daedalus der Mythe aus Kreta gab ihm für immer den Namen «daedalum» oder französisch «dédale». Es war im christlichen Sinn das Symbol entweder für die «Sancta Ecclesia», wie uns die Inschrift auf dem Labyrinth des afrikanischen Castellum Tingitii bezeugt[45], oder für die wirre Welt, der man entflieht, wenn man die Irrgänge des Labyrinths in der Kirche durchlaufen hat. So lautet die Inschrift auf dem Labyrinth von Sankt Savin in Piacenza:

Hunc mundum typice Laberinthus denotat iste
intranti largus recedenti sed nimis arctus[46].

Dies Labyrinth ist ein typisches Bild des irdischen Lebens
weit für den, der's betritt, gar eng für den, der hinaus will.

Auf den Figuren eines solchen Labyrinths werfen sich Bischof und Klerus von Auxerre in heiligem Tanzschritt den österlichen Ball zu, in der kindlichen Freude der Erlösten, am Abend des Tages, der die siegreiche Ostersonne gefeiert hat. Und es wird wohl richtig sein, wenn man in diesem Brauch eine kultische Spätform, ins Christliche gewandelt, jenes österlichen Ballspiels sieht, das die Germanen feierten: der Ball ist die siegreiche Sonne[47] – und

[44] Text bei *Du Cange*, Glossarium mediae et infimae Latinitatis (ed. Niort 1886, VI, S. 253f.).

[45] Vgl. H. *Leclercq*, Labyrinthe: Dictionnaire d'Archéologie chrétienne et de Liturgie VIII (Paris 1928) Sp. 973–982.

[46] Text bei *Leclercq* a.a.O.

[47] Vgl. R. *Stumpfl* a.a.O. S. 136f. Vgl. auch E. K. *Chambers*, The Medieval Stage, Oxford 1903, I., S. 128f. – Weitere Werke zur Frage nach dem Wesen des kultischen Tanzes im Christentum: G.R. *Mead*, The sacred Dance in Christendom: The Quest Reprint Series II, London 1926. – G. *Wetter*, La danse rituelle dans l'Eglise ancienne: Revue d'histoire et de littérature religieuses 1922, S. 254ff.

das christliche Osterfest ist, wie wir an einem Eranos der vergangenen Jahre gezeigt haben[48], der hohe Tag der Sonne Christus, die ihren Donnergang und ihre leuchtende Bahn zieht über dem Labyrinth dieser Erde. Was der Ostertanz des Klerus von Auxerre in seinen Tiefen meinte, ist das gleiche, was schon tausend Jahre zuvor Hippolyt in dem hymnischen Lob auf das Osterfest gesagt hat: «O des Vortänzers im mystischen Reigen! O des geistlichen Hochzeitsfestes! O des göttlichen Pascha, neue Feier aller Dinge! O kosmische Festversammlung, o Freude des Universums, o Lust und Entzücken, durch die der finstere Tod vernichtet wird. Und das Volk, das unten war, ersteht von den Toten und verkündet der Fülle dort oben: der Chor der Erde kehrt zurück![49]»

Wir sind am Ende unserer Theologie des Tanzes angelangt, darum kehren wir zum Anfang zurück: alles, was der tanzende Fromme mit Geste und Musik andeutet, ist nur eine heimliche Einübung auf das, was er ersehnt, auf den Reigentanz des ewigen Lebens. Was der Mensch am Urbeginn verloren hat, soll er wiedergewinnen, die begnadete Harmonie von Seele und Leib. Und mit keinem anderen Bild kann er darum am schönsten sprechen von dem Glück dieses endlosen Lebens als mit dem Bild vom himmlischen Tanzspiel. Das ist die Ahnung des *Platon* im Phaidros, wo er aus der Beschwernis des Irdischen zurückschaut auf das Verlorene und Wiederzugewinnende: «Da konnten wir eine glanzvolle Schönheit schauen, als wir in glücklichem Reigentanz seliges Bild und Schauen erblickten und die Weihe erhielten, die wir feierten vollkommen und unberührt von den Übeln, die uns später erwarteten, eingeweiht und schauend vollkommene, einfache, ruhige und glückselige Erscheinungen in reinem Glanze, unbefleckt von dem, was wir jetzt als unseren sogenannten Leib an uns tragen, in dem wir eingesperrt sind wie die

48 Die Ostersonne: Eranos-Jahrbuch X (1943) S. 321ff.

49 Homilie 6 auf das Pascha (PG 59, 744 D). Deutsche Übersetzung bei H. de *Lubac*, Katholizismus als Gemeinschaft, Einsiedeln 1943, S. 423.

Auster in der Schale[50].» Durch alle Werke der griechischen Schüler dieses unbändigen Spiritualismus tönt das Echo dieser Worte nach. *Philon* spricht von dem «Reigentanz der Himmel, der da schwingt um das göttliche Sein»[51], *Plotin* von dem «gottbegeisterten Tanz um das Ureine»[52], Proklus und der Areopagite der Christen fallen in den Chor[53]. In der Einweihung der Mysterien wird dieser himmlische Tanz gleichsam vorweggenommen – wir kennen das Wort aus einem Plutarchfragment, das uns berichtet von dem Irren, der Finsternis, dem Zittern und dem Angstschweiß des Mysten, bevor er, in urplötzlicher Wandlung, eintritt in jene himmlischen Auen, wo er Gesang hört und den Reigentanz der Eingeweihten schaut und nun daran teilnehmen darf in unverlierbarer Freiheit: *μεμυημένος ἐλεύθερος ὀργιάζει*[54].

Der Christ, der diesen Spiritualismus im Glauben an die Auferstehung des Leibes überwunden hat, weiß aber zugleich, daß ihm eine Umwandlung und Verklärung des Körperlichen zuteil wird, die schon Paulus (1 Kor 15, 44) genannt hat ein *σῶμα πνευματικόν*, einen vergeistigten Leib. Oder, um es gleich mit der theologisch und dichterisch gleich prägnanten Sprache der Väter auszusprechen: er wird teilhaben an dem «Chorus angelorum», den tanzenden Chören der seligen Geister. Es war wieder an einem Osterfest, als der Bischof *Theophilos* von Alexandrien seinen Gläubigen schrieb: «So laßt uns denn eilen zu der Festfeier der himmlischen Freude und laßt uns teilhaben an den Chören der Engel, wo Blumenkränze sind und sicherer Sieg und den Triumphierenden der ersehnte Palmzweig gereicht wird[55].» Und heute noch singt die betende Kirche am Fest einer Jungfrau von Christus:

50 Phaidros 250B.

51 De praemiis et poenis 20 (Cohn-Wendland II, S. 427).

52 Enneade VI, 9, 9 (Harder I, S. 104f.).

53 *Proklos*, In Parmeniden VI, 57. – Ps.-Dionysius, Himmlische Hierarchie VII, 4. Vgl. dazu H. *Koch* a.a.O., S. 170f.

54 Bei *Stobaios* III, 52, 49 (Hense 1089). Vgl. *Quasten* a.a.O. S. 208.

55 Epistola paschalis (= *Hieronymus*, Epistola 98, 1: CSEL 55, S. 185).

Qui pergis inter lilia
septus choreis virginum
sponsus decorus gloria.

«Du wandelst unter Lilien, umsäumt von den tanzenden Chören der Jungfrauen, der du bist der Bräutigam voll schöner Glorie». So wird der Himmel wieder sein, was am Anfang war: Paradies. *Gregor von Nyssa* hat dies tiefsinnig dargelegt in seiner mystischen Erklärung der Psalmaufschrift (Ps. 52, 1, LXX) *εἰς τέλος ὑπὲρ μαελεθ*. «Zum Ende für Maeleth» bedeute, so meint er, einen prophetischen Hinweis auf die Endzeit, und «Maeleth» heiße «für den Tanzchor». Also, daß das Wort uns künden wolle von dem seligen Tanz, der da sein wird am Ende, so wie er einst war im Glück des Paradieses. «Einst war eine Zeit, da bildete jegliche logosbegabte Kreatur einen einzigen Tanzchor, aufblickend allein zu dem Vortänzer dieses Chores *(πρὸς ἕνα βλέπουσα τὸν τοῦ χοροῦ κορυφαῖον)*. Und in der Harmonie jener Bewegungskraft, die von dem Vortänzer durch sein Gesetz auf sie alle ausging, schlangen sie ihre Reigen.» Aber die Ursünde hat diese tänzerische Harmonie des Geistes zerstört, und erst «*εἰς τέλος*», auf das eschatologische Ende hin, wird wieder alles so sein, wie es war: «Die ersten Menscheneltern wandelten noch unter den Engelsgewalten. Aber der Beginn der Sünde löste den Wohlklang dieses Chores auf... Seitdem ist der Mensch dieser Gemeinschaft mit den Engeln beraubt, und es braucht der Gefallene viel des Schweißes und der Mühen, um jenen Geist zu bekriegen und zu besiegen, der durch die Sünde auf ihm lastet: aber als Siegesbeute wird ihm der Verlust aus jener urzeitlichen Besiegung zuteil, die neue Teilnahme am göttlichen Tanzchor. Wenn du also hörst, wie der Psalmeninschrift ‚Zum Ende' hinzugefügt wird ‚Für den Tanzchor', dann wisse: hier wird dir in symbolischem Rätselwort die Mahnung gegeben, nicht zu unterliegen im Kampf der Versuchungen, sondern auf das Ende des Sieges zu schauen. Und dieser wird sein: eingereiht wirst du wiederum in den tanzenden Reigen der Engelsgeister[56]».

Unser patristisches Glasperlenspiel ist ausgespielt. Wie sagte doch Leo, der Diener der Morgenlandfahrer? «Gerade das ist es ja, das Leben, wenn es schön und glücklich ist, ein Spiel. Natürlich kann man auch alles andere aus ihm machen, eine Pflicht oder einen Krieg oder ein Gefängnis, aber es wird dadurch nicht schöner.» In der Verklärung des christlichen Glaubens hat ein anderer wahrer Ludimagister des Lebens, Peter *Lippert*, in seinem unter Tränen lächelnden Aufsatz «Was wollen wir heute spielen?» die letzte Weisheit eines spielenden Menschen so ausgesprochen: «Selbst der törichteste Zwang endet irgendwo in Freiheit, und die dunkelste Verlassenheit ist nur ein Torweg zum Beisammensein, das gleichgültigste und sinnloseste Tun ist wie ein Brückenbogen, über den wir gehen, und das häßlichste Schicksal ein Schleier, hinter dem die Schönheit steht. Darum nehmen wir all das frei und lässig, sorglos und unbeschwert in unsere Hände. Wir nehmen es nicht schwerer als ein Spiel, das man eben spielt, bis die Zeit vorüber ist, aber auch nicht gleichgültiger als ein Spiel, mit dem ein Kind seinen Tag ausfüllt, ernst und hingegeben, aber stets bereit, es liegenzulassen, wenn die rufende Stimme aus dem Hause klingt und ihm sagt: Nun komm![57]»

[75] Psalmenhomilie 6 (PG 44, 508 B).

[56] Stimmen der Zeit 130 (1936) S. 7.